金钥匙品牌服务系列

服务经理人管理手册

王伟 孙东 著

旅游教育出版社
·北京·

策　　划：张　斌
责任编辑：张　斌

图书在版编目(CIP)数据

服务经理人管理手册/王伟,孙东著．-北京:旅游教育出版社,2005.6
(金钥匙品牌服务系列)
ISBN 7-5637-1306-9

Ⅰ.服… Ⅱ.①王…②孙… Ⅲ.旅游饭店—企业管理—手册 Ⅳ.F719.2-62

中国版本图书馆 CIP 数据核字(2005)第 053085 号

金钥匙品牌服务系列
服务经理人管理手册
王伟　孙东　著

出版单位	旅游教育出版社
地　　址	北京市朝阳区定福庄南里 1 号
邮　　编	100024
发行电话	(010)65778403 65728372 65767462(传真)
本社网址	www.tepcb.com
E-mail	tepfx@163.com
排版单位	首都经济贸易大学出版社激光照排部
印刷单位	中国科学院印刷厂
装订单位	河北省三河市东兴装订厂
经销单位	新华书店
开　　本	787×960　1/16
印　　张	11.375
字　　数	157 千字
版　　次	2005 年 6 月第 1 版
印　　次	2006 年 4 月第 2 次印刷
定　　价	17.00 元

(图书如有装订差错请与发行部联系)

出版说明

中西文化中的服务观念差别很大。

在我们传统的文化中，服务就是伺候人的事，是低人一等的，所以很多父母都不愿意让自己的孩子去做服务工作。而在西方文化中，每一种工作都是上帝赋予自己的，工作是上帝赋予自己的救赎机会。所以，大凡工作，本质都在服务——为上帝服务。从这个意义上讲，西方的职业观与服务观中是有信仰的。

在服务界，有一句经典口号——"顾客就是上帝"。这是西方服务文化的体现。这种服务文化在中国的社会环境中是无根的。如果你问国内的服务人员："你相信上帝吗？"多数人一定说不信。于是，"顾客就是上帝"就变成了这样的"话外音"：客人很重要，但我不相信他。对国人来讲，上帝是遥远的，不可捉摸的。这种服务文化的异域性，使得顾客离我们是那么遥远和不可捉摸。这对我们的服务态度与质量，造成了长久而致命的影响。

如此说来，在国人的职业观及服务观中建立信仰，就成为必需。信仰，是一个人价值观的体现和指向。没有信仰，一切都将失去根基。在我们的职业生涯中，没有信仰，就无法建立稳固而高尚的价值观、职业观，尤其是服务观。如是，服务业便只能是人生历练的"短期跳板"、"吃青春饭的过程"，是跨越社会等级的一种手段，而难成为"终身职业"。

一定程度上讲，这正是我们当前服务业的现状。

我们策划"金钥匙品牌服务系列"丛书，就是希望借此改变这个现状，推动一种以服务为信仰的职业观与生活方式的建立。无独有偶，在酒店业拥有近百年历史的"金钥匙服务"理念与操作，恰是一个可借鉴的成功的典型。

"金钥匙"创建于20世纪初，在上个世纪90年代改革开放初期传入中国，并迅速与中国国情相融合，不断创新与发展，取得了辉煌的成绩。"金钥匙"理念，虽说起源于西方文化背景下，但它已从带有宗教背景的服务文化转向以人本主义为根基的服务文化，提倡"以人为本"的平等、自由的服务观，更强调人际间的主体性,强调在服务者与被服务者开放的互动中,寻找平等、交流与创新,共同开创出一个服务新境界。“先利人后利己”,“用心极致,满意加惊喜”,“在客人惊喜中找到富有的人生”,“金钥匙”理念将服务价值观、人生观与职业观融为一体,使其服务文化更具普适性。如果对传统文化进行追溯的话,我们可以看到古人“庖丁解牛”的意境在“金钥匙”服务过程中得到了极好的体现。“用心极致,满意加惊喜”与“游刃有余”的艺术追求与艺术境界,在职业实操的层面上实现了相融与贯通。“以技入道”,是传统文化中先人孜孜以求的境界,也是传统文化中的解决职业与人生矛盾的精髓,追求的是人生、工作(服务)与艺术的相融与和谐,这种职业范式,完全可以打通中西服务文化的壁垒,解决服务文化中目的与手段的矛盾,从而实现我国职业信仰与服务文化的创新。从事服务行业的人,完全可以通过这个理念的实践与修炼,实现职业价值与生命价值,进而提升整个社会的服务意识与质量。

虽说“金钥匙”是酒店业的服务品牌,但这并不妨碍这个先进理念在整个服务业的传播和推广。事实上,就如同“星级服务”的概念,最早发源于酒店业,最终为整个服务业所接受一样,“金钥匙”的服务理念在国外已经被旅游、交通、邮政、医疗、法律、金融、商业零售等众多服务行业所广泛接受。在越来越多的国家中,拥有“金钥匙”称号的专业服务人员在各个服务行业中扮演着越来越重要的角色。实际上,这也是我们希望通过“金钥匙品牌服务系列”丛书解决的问题。

“金钥匙品牌服务系列”丛书将包含三个操作层次:

首先,是“服务人”的层次。《服务人教程》的主要读者对象是服务行业中普通从业人员或刚入门的从业人员。“服务人”与普通“服务人员”最大的不同在于有无服务信仰与职业生涯目标。“服务人”是以“在客人的惊喜中,找到富有的人生”为信念标准,并在此基础上展开服务心法与实践技能的修炼,其职业目标直指“品牌服务人”——“金钥匙”。在服务工作中,“服务人”较“服务人员”更具服务的真诚和力量,心态更踏实,更能融洽与客人的关系。

其次,是“品牌服务人”的层次。从“服务人”走向“品牌服务人”,即真正意义上的“金钥匙”,是一个本质的飞跃。《品牌服务人教程》面对的读者是有一定行业经验的从业人员,或相对成熟的从业人员。“品牌服务人”,是树立“以服务为天职”的职业观,并在此基础上全面致力于将服务心法与技能提升至艺术层次的服务人员,从而实现“用心极致”,令客人“满意加惊喜”的服务艺术境界。

最后,是“服务经理人”的层次。《服务经理人管理手册》主要读者对象是服务行业的经理人或管理者。"服务经理人"们将通过自己的努力,阐释"给人方便,给人自信,给人欢喜"的核心理念,打造服务业运作机制及其人力资源开发体系,发现、培养、组织"服务人"、"品牌服务人",实现整个服务企业的提升。

我们相信,在不久的将来,"金钥匙"服务必将悄然超越一个岗位、一个行业的概念,而成为"一切顶级服务"的代名词。酒店"金钥匙服务"已不待言,医院"金钥匙服务"、物业"金钥匙服务"、邮政"金钥匙服务"、商场"金钥匙服务"等现象的出现,都将指日可待。

温斯顿·丘吉尔曾说过一段话,他说:"每个人的生命中都有一个特殊的时刻,他就是为此而生。这个特殊的机遇,如果他能够把握,将使他得以完成自己的使命——一个只有他才有能力完成的使命。此时,他将感受荣耀与伟大,这是属于他的辉煌瞬间。"

"金钥匙品牌服务系列"丛书,就是希望建立起"以人为本"的服务观,承担起推动我国服务文化发展的使命,给美好的服务以成长信心、尊严与伟大的荣耀。

当然,我们亦深知,建立职业信仰,推动一种以服务为信仰的生活方式,任重道远。我们期待着读者的意见和建议,更希望大家的参与。我们将一如既往为我国服务事业的创新和发展提供全力支持!

旅游教育出版社

2005年10月

目　录

引　言

一个盲人从朋友家离开时，已是夜晚，朋友点亮一盏灯笼给他。

他说：

“我一个瞎子，要灯有什么用？”

朋友说：

“免得黑灯瞎火地，被别人撞到你啊！”

他很感谢，提灯上路。

可终于还是被路人撞了个满怀。

他朝路人说：

“我提着灯，你也看不到吗？”

路人说：

“你的灯早已熄了啊！”

故事告诉我们：

手里有灯还不行，重要的是心里要有灯；

只拿别人的灯不行，自己还要有灯；

别人帮助是外部因素，关键要自助；

感谢帮助你的人，但不能依赖；

路要自己走，别人不能替代。

一个体系，通常是由“理论逻辑”（为什么做）、“技术逻辑”（怎样做）两部分组成的。

故事的失败不在于前者而在于后者，而这一点正是我们服务管理的软肋所在——科学性不足。本书针对“技术逻辑”（怎样做）的环节而设计编写，旨在通过服务管理的训练打造服务团队——“金钥匙”服务团队。

第一讲 服务管理从心开始

导 言

我们有知识，有经验，有热情，有潜质，这些很重要。但作为管理者，或者进一步做一个优秀的服务管理者，还需要更系统、更有细节地锻炼。

其中，做好自我管理，是第一步。

什么叫自我管理，就是“入心”。

我们很多人做事只能从五官的层次进展到大脑层次，即发现了，运用智慧逻辑，然后反应，强调反应能力。殊不知，反应能力并没有入心；入心的特征是感受，凡事感同身受，这才是入心。

不能入心，就只能注重表面工夫，在学习管理之道上，对“管人”技巧急于求成，而不知“管人”的工夫实在“修己”，在管好自己。

这个道理，叫做“练武不练功，到老一场空”。管理，其实就是一个不断建设、完善、应用大家共同拥有平台的过程。

一、成为专业的服务经理人

服务经理人，指具备专业的服务技能与资历，并能通过他人，运用相关资源，完成工作的人。

作为专业的服务经理人，要具备两个条件——

首先，是要把服务做专业，自身成为服务人员中的佼佼者，即品牌的服务人员，我们称之为“品牌服务人”——“金钥匙”。

这既需要资历(硬件)，也需要能力(软件)，缺乏任何一个条件，都难把服务做专业。因为达到服务的专业度，不同于一般的产品加工，不能单靠技巧或规则，还要靠不断的经验积累、体会，靠悟性，靠人际关系的推动，靠由此升华的“系统观照力”。换言之，一年服务经历者与三年服务经历者，虽然在技巧上看不出差别，但在问题处理的实际能力上，常常有关键性的不同。因此，我们说：“老员工是公司的财富。”

其次，我们所说的专业的服务经理人，是指能够实践“金钥匙”服务管理的人。

他们是一些善于像“金钥匙”一样去激励别人，善于利用各种资源，为内外部客人提供“体系”服务，同时又能通过这个“体系”，打造出成千上万个“金钥匙”的人们。

这些管理者有个鲜明的特征——

第一，他们是“给人方便，给人自信，给人欢喜”的服务心法的忠实实践者。

第二，他们知道“金钥匙”为什么能够激励人，而且自己就是“金钥匙”。

当然，他们都不是超人，而是跟我们一样的平凡人，却能做出不平凡的事。他们能随时、随地、随人、随事地在自己身边发现“金钥匙”那样的人和事，告诉大家，并以身作则，领导大家一起学着做。创造出团队“金钥匙”服务的风格——“用心极致，满意加惊喜”。

第三，他们具有领导者必备的“系统观照力”。

“系统观照力”，是一种“项目思维”能力，而非“任务思维”能力，不是被动地接受一个任务，而是主动地将任何任务整合成一个“项目”的思维方式。

具有“系统观照力”的人，看问题不仅能着眼脚下——自己分工内的“一段”事，而且能将眼光、心思延伸到服务流程的上游和下游，帮助他们履行职责，共同完成“整个”流程的工作(细节)，并致力于使整个“项目”更加完整、精彩。

在这门课程中，我们按习惯称之为管理能力。

有时候，我们说某个人没有责任心，一般的原因，是因为他给我们(或别人)留下一个烂摊子，换言之，就是他们只顾“自己那一段事”，而忽略别人的存在。

“铁路警察，各管一段”、“各人自扫门前雪，莫管他人瓦上霜”、“看好自家门，管好自家人”等等，讲的都是这类人。他们是一些没有“系统观照力”的人，如果不作调整，将不适合承担服务管理者的责任。

第四，他们善于身体力行地去建设服务管理体系。

在做事情的过程中，他们非常善于发现、总结客人满意和不满意的规律性，并能从中归纳、构建、维护、使用、发展规则，最后形成大家做事（提供服务）的共同约定。这个约定，就是服务管理体系。他们制订了约定，建立了体系，同时，又能黑白分明地领导执行，并教导大家该做什么、不该做什么。

第五，他们能在岗位角色里，自觉地通过体系去完善服务细节。

对于做错了事情的人，他们能够晓之以体系规则，加以订正。同时，迅速反省是不是体系存在问题，然后进行体系修正。

他们不纠缠于孤立的“一件事”、“一个人”，不简单地说“这件事”对或错，而是说“这件事”不符合某一体系规则，所以纠正。不简单地说“这个人”有问题。“一件事”、“一个人”属于细节层面，而非体系层面，所以，不应该是管理者应有的态度。过度纠缠于细节，容易造成人们眼界狭窄，感情用事，失去平静心，从而使问题的处理失去公允，失去整体平衡，按下葫芦起了瓢。

所以，作为专业的服务管理者，他们善于超越“这件事”、“这个人”，而从体系的高度审视“这件事”、“这个人”，然后，从体系的角度，进行细节调整，使原有的体系更加完善。这时，他们的表现，便自然地多了几分超然、几分宽阔、几分开朗、几分大度，也更加受人尊重，获得更加多的合作。

也正因为有了体系意识，他们才更加懂得如何对细节进行调整，才能观照到一个细节与另一个细节的关系，才能形成细节调整的机制，使之服务于体系。

苏东坡说，好诗的功夫，不在写诗本身，而在诗外。在服务管理上，这个道理也一样。

第六，他们善于协调、确定并领导团队，朝一个共同的方向进步。

作为专业的服务管理者，他们会认真对待和开发每一个服务人员与生俱来的“金钥匙”资源，打造“金钥匙”团队。

一个人、一个动物、一句话、一个物件、一种现象，都蕴含着能量，但只有当能量被规定了方向，才会成为有所用的资源。一条野牛的力量释放在大街上，就可能惹祸，但如果放到斗牛场，被赋予了娱乐的方向，就成了可利用的资源，西班牙人赖此获益。

人力资源开发，就是为员工的能量确定一个合适的释放方向。专业的服务管理，自然是给服务者确定一个“金钥匙”的方向。

二、服务经理人的角色与信念

1. 服务经理人的专业角色

服务经理人从一般员工晋升上来后，有三个比较关键的角色转变。

第一，是关于身份定位的转变。

一般服务人员到管理人员的过程，首先是完成“服务人”的转变，再通过努力达到“品牌服务人”的层次：“品牌服务人”，我们称之为“金钥匙”。“金钥匙”是服务人员中精神上的“独立者”，思想上的“独立实体”，一个言简意赅的服务行业的形象品牌，一个给客人一诺千金、让人信赖，并能从中获得激励的“服务精英”。

现在，这个定位又发生了改变。如果说，上边的改变是努力晋级，那么，现在的改变，就是已经晋级——由“品牌服务人”（“金钥匙”）到了专业的服务经理人——具备专业的服务技能与资历，并能通过他人，运用相关资源，完成工作的人。

根本的转变，在于过去是自己做好就可以，现在则不仅要自己做好，还要懂得通过他人来完成工作。现在是管理，是在实践着对一个体系而不是一件事的运作。

所以，情况大大不同了。

第二，是关于部门定位的转变。

过去你是部门中的一分子，现在则要管理一个部门。这就要求我们的思路有一个明确的调整——从集中精力完成上级交代的一个工作的“任务型思维”，转向通过主动设计、操作、造就并完成一个完整项目的“项目型思维”。

你是在操持一个专业服务公司，你是领导者，你要找生意，找客户，拉资源，寻求合作伙伴，达成共赢。如果你不是在服务外部客人，那么，你最好服务某位服务外部客人的人（内部客人）。

第三，是关于工作定位的转变。

精于业务仍然需要，同时更要精于管理——平衡各种资源，特别是人力资源，使之产生动力，实现生产功能，大多数时候，用于管理的精力，可能还是绝对的。

管理本身就是一个专业。

关于这一点，我们可以参考很多专家们的建议，如“管理就是沟通”，“管理就是搞平衡”,“管理就是算好各方面的账”,“管理就是三人行必有我师”等等,这里不加赘述。

2. 专业服务经理人的信念

凡取得事业成功的人士,都是心里有“根”的人。

“根”是什么?

就是信念。

作为专业服务经理人,这个信念应该是什么呢?

就是随时、随地、随事、随人——

给人方便,给人自信,给人欢喜。

当然,我们在奉献的同时,一定会收获方便,收获自信,收获欢喜。

佛家讲因果关系,这虽然不可思议,但不爽毫厘。所以,我们只管种植积极的、善的、服务的因缘好了。

其实,我们每一个人生命意义的轨迹,都将永远平衡在“由天命尽人事”的法则之中的。

我们的“天命”,就是服务——“给人方便,给人自信,给人欢喜”,并由此,以及我们沿着这个方向的努力程度,决定一切。

随时、随地、随人、随事,都考虑到如何“给人方便”。这更多的是服务过程中的硬件条件,如交通的、住宿的、购物的、通讯的等等。任何方便,常常都是一个智慧的(如设计)、资金的、场地的、人力的投入的结果。但也不能忽视软件条件,即服务人在精力、情感方面的投入。

“给人自信”的内涵就更加广泛了,而其核心的东西,在于专业度,我们越专业,客人越安全,越有信心。这里还要说明一点,“给人自信”是通过调动客人的积极性,使他们自己对自己充满信心,而不是我们给他信心。

“给人欢喜”的境界就更加高尚了,包括谦逊而阳光的态度、主动而自觉的个性、良好的人际关系能力等等,是“雪中送炭”,是“锦上添花”,更是“精神力量的提升”。

3. 服务管理的“技法”与“心法”

做好服务管理,有两个工具,必须掌握,不可有半点含糊,一个是“金钥匙服务标准五条”的“技法”,另一个是“金钥匙服务心法十条”的“心法”。

它们适用于服务操作,同样也适用于服务管理,从不同角色的立场去看,各得其解。试附录如下——

全钥匙服务标准五条

第一，服务体现"可靠度"——严格按承诺提供规范服务。

(1)及时。

(2)改正错误迅速。

(3)始终如一。

(4)结账等服务准确。

(5)出品、桌面或柜台服务符合标准。

第二，服务体现"可信度"——对知识、礼仪把握适度，在沟通中显示出信任与自信。

(1)完整回答客人问题。

(2)客人进门(餐厅、酒吧、商场、大堂等)时感到舒适，立即获得尊重。

(3)主动(微笑着)提供房单、餐单、酒单或展示商品，介绍产品，如房间状况或菜肴成分、加工方法等信息。

(4)使客人有安全感。

(5)服务操作表现出有教养、职业性、经验。

第三，服务体现"灵敏度"——乐于帮助客人，并能竭尽全力，提供快捷服务。

(1)员工之间互助合作，保证服务速度、质量。

(2)时时提快捷服务。

(3)竭力满足客人的特殊需求，从不说"不"。

第四，有形服务体现"完美度"——仪容仪表、设施、设备、环境维护等状况良好。

(1)建筑外观、停车场、庭园醒目，有吸引力。

(2)餐厅分区、商场、通道等醒目，有吸引力。

(3)员工着装整洁、美观、合适。

(4)装修、装饰、布局、陈设档次与价格相符。

(5)菜单、宣传品醒目、完好，有吸引力，符合公司形象。

(6)各出入口便利、顺畅，环境宜人。

(7)客房、餐厅、卫生间、商场等各类服务场所前后台整齐、清洁。

(8)时时保持床铺、坐椅、桌面、车、电脑等整洁、舒适，且在布置上体现高雅与热情。

第五，无形服务体现"充实度"——无微不至，有针对地对应客人个性。

(1)时时微笑。

(2)主动、细心体察,预料到客人个人需求、愿望,而非呆板地从属于规范、制度。

(3)让每位客人都感到受到特别礼遇。

(4)为每一过失细节负责,表示歉意、同情,并保证事不过二。

(5)以顾客获得最大利益为己任。

金钥匙服务心法十条

第一,我们将保持开朗、明快的微笑——在服务舞台上,客人是主角,客我之间的最短距离,是微笑。

第二,我们为客人满意而工作——重视效率,彬彬有礼,热情关心,让客人的经历充满愉快,让他们感到自己花钱买回的是世上最真诚的服务!

第三,客人是我们的衣食父母,我们不可以自大,不可以说尖刻的话,不可以表现出不雅的神情与姿态,不可以与客人争论——而应立即采取措施,调整自己,使客人满意;或向上级报告,请求调整——凡与客人发生口角,即使再小,都是我们的错。

第四,任何不主动为客人服务的行为,不拘任何理由,都是违背职业道德的;在客人埋单、致意、离开时不表示感谢,是忘恩负义;与客人保持联系,他们是我们永远的恩人!

第五,我们应真诚地了解、记录同事与客人的需要,并尽全力提供服务;迅速记录并处理客人要求或不满的每一件小事,以保证不失去任何一位客人;始终使用适当的语言与同事、客人沟通,始终说积极的话,而不作消极的评论。

第六,我们将牢记,自己已经被授权去解决问题,并防止问题的再发生;在接到客人投诉后马上接受,立即安抚客人,快速纠正问题,处理到底,绝不推诿,不得过且过敷衍了事。

第七,我们将主动关注每一个服务细节,引领客人到服务区域,而不仅是指示方向;仔细掌握,认真、礼貌地回答同事、客人有关服务的任何信息,如果不清楚,马上查询,并回复;即使在电话中也不疏忽,不说"他不在"、"不知道"、"没办法"等不负责任的话。

第八,我们将以我自己的容颜为骄傲,遵守所有的修饰标准;保持制服干净整洁,没有污点;注意鞋子的合适、干净、光亮、安全;注意佩带铭牌。

第九,我们将忠诚于公司,熟练掌握、应用,并致力改善服务流程与标准;正确地认识公司有无"错误"、"重复劳动"、"破损"、"无效率行为"、"差距"等情况，提出改善建议；严格遵循“人财安全”、“清洁卫生”、“保护环境”、“设施完好”准则，履行责任。

第十，我们将认真了解自己在紧急情况下应扮演的角色，明确在火灾和生命危险情况下的反应程序，熟练操作应急工具；在发现危险隐患或设备受损时，及时通知主管；高度注意节约能源，保护、维护、保养好公司的财产、设备。

在《金钥匙品牌服务系列教程》中，我们推出了这个“技法”和“心法”，并要求员工能够背诵，在管理人员这边，我们更要求大家能够将这些融化进血液里，落实到管理行为中。

三、“三点循环模式”及其应用

1.“三点循环模式”

根据多年的服务管理实践，我们总结出一套服务经理人的行为模式，名之为“三点循环模式”，以实践和实现我们的服务“信念”、服务“技法”和“心法”。

它的概念如下——

围绕着准备、效率、美趣三个基本点（细节），循序而进，以终为始，往复无限，互相渗透的项目执行体系，即“三点循环模式”。

我认为，这“三点循环模式”可以是做一切事的基本模式，在服务管理上尤其如此。

首先是“准备”。

我们将“准备”放在第一，是因为它是任何一项服务操作的第一阶段，也是我们做任何事的立足点和出发点。

其自身，既是体系的一部分，又是一个细节的标题。

古人说，“预则立，不预则废”。“预”，就是准备。凡服务的成败、优劣，都取决于这个准备工作是否充足——有没有时间上的提前量、熟练的技巧、合适的施展空间、完好的设施设备、时机的把握等等，都集中在这个范畴里。

可以说，服务经理人三分之二的时间和精力，都应该花在这里。准备工作做得越细致、越精密、越专业、越充实，现场管理也就越有效。

接下来，讲“效率”。

它是直接面客的、现场服务阶段的核心要素，是对前期“准备”内容的一个“舞台展示”，或称之为“表演”，是服务的点睛之笔，因为这一点不能保障，服务结果将无法保障。衡量服务“表演”效果的最重要因素，是速战速决，效率第一。

最后是“美趣”。

这是个与前两者相对独立，又贯穿服务始终的、不可缺乏的因素。它既取决于“准备”工作中的训练，也取决于其人个性、素质、幽默感等内在修养、修炼的成就。有时可能只是一声问好，就能收到锦上添花、画龙点睛的效果。

2.“三点循环模式”无所不在

“准备”、“效率”、“美趣”的“三点循环模式”无所不在，小到斟酒一杯的操作，大到一个晚会的组织，甚至一年计划的完成，都由这三个基本要素组成。

小的“三点循环”，组成了大的“三点循环”，大的“三点循环”又构成了更大的“三点循环”，以至于无限。同时，这个“三点循环”又与另一个“三点循环”相交叉，构成一个新的“三点循环”。

以宴会中的斟酒为例，这里面也有“三点循环”，它与拉椅、送毛巾、倒茶、点菜、上菜等许多同样小的“三点循环”相交叉，构成了一场宴会“三点循环”的组成部分。而宴会的“三点循环”，又是一个主题活动的“三点循环”的组成部分。

如此类推，自然无穷无尽。

3. 实施“三点循环模式”管理的要点

我们将“三点循环模式”细分为三大要点32个分点——

要点一，准备。

(1)通过会议、辅导、恳谈等多种形式，就你的“项目目标”，与上级、下级达成一致意见。

(2)明确好的工作表现的定义，即标准，包括“员工行为标准”和“服务质量标准”，对标准进行公布、培训和考核，并在执行过程中，进行督导。

(3)定期组织成员描述每一目标与工作标准，说出来，并写在纸上，公布出去。

(4)利用晨会或任何形式，在有效期内(由策划完成到项目完成)，反复宣讲这个目标。

(5)建立一个督导机制，使自己和大家能够每天对照目标，审视自己工作的进展。

(6)强化日常检查，认真观察自己的行为是否与目标一致。

要点二,效率。

任何工作效率,都取决于人的因素,通过简短的"跟进称赞"与"跟进批评"等方法,实现良好沟通,最大限度地实现对人力资源的开发,进而从根本上提升工作效率。

首先要善于称赞——

(7)预先让大家知道,你将对他们的工作情况给予评价。

(8)参照工作目标、标准,及时称赞,哪怕是微不足道的一点进步。

(9)告诉他们对在哪里——非常具体地说明。

(10)告诉他们这样做了之后,你的高兴感受,以及他们给其他同事的帮助。

(11)停下一分钟,让他们静静地体会一下你的开心。

(12)热情地鼓励他们继续这样做下去。

(13)跟他们握手,或以其他类似的形式,表明你非常支持他们在团队中获得的成功。

程控表单 1.　　　　　　　　干得好!

表扬/感谢	先生/小姐　　　　　　先生/小姐
事由: 表扬/感谢人:　　　　年　月　日	

注:本卡作为日常沟通工具使用;请用手写,以表示敬意;本卡用于你对随时发现的好人好事给予表扬或感谢;表扬或感谢的双方是个人性质的,对方可以是下级,也可以是上级,甚至可以是供应商,或是宾客;本卡与"表扬单(红点)"不同。

其次,要善于适时批评——

(14)跟称赞一样,也要预先让大家知道,你将对他们的工作情况给予评价。

(15)对照标准,在事情发生后立即对他们进行批评。

(16)具体地告诉他们错在哪里,以及应该怎样做。

(17)告诉他们你的感受,如不安、焦虑、难受、歉疚等等——说得要非常明确。

(18)沉默几秒钟,让他们深刻地体会你的感受。

(19)跟他们握手,或以其他类似的形式,表明你非常真挚地与他们站在同一边。

(20)提醒他们,你对他们非常倚重。

(21)再次肯定地告诉对方,他们是很优秀的人,只是在这件事上做得不好。

(22)批评过后,这件事就过去了。

程控表单2. **问题备忘录**

收件人	先生/小姐	先生/小姐
事由: 发件人: 年 月 日		

注:本卡作为日常沟通工具使用;一般用于你对随时发现的问题的提醒,表述上可以充分口语化;收发件双方是个人性质的;本卡与"违规通知单"不同。

要点三,美趣。

具体的做法是在要点一、二的基础上,实践"55字真言"——

(23)常说最重要的十个字:有没有达成目标和标准!

(24)常说最重要的九个字:快乐比赚钱更加重要!

(25)常说最重要的八个字:我承认我犯了错误!

(26)常说最重要的七个字:你干了一件好事!

(27)常说最重要的六个字:你的看法如何?

(28)常说最重要的五个字:咱们一起做!

(29)常说最重要的四个字:不妨试试!

(30)常说最重要的三个字:谢谢你!

(31)常说最重要的两个字:咱们!

(32)常说最重要的一个字:您!

也许你觉得仅有这些还不够,实际上越是简单的目标,常常越难达成,因为越是简单的目标,其内涵越是丰富,越要求具有系统性。

再要强调一点,就是不要吝啬称赞。我们一向吝啬称赞,不懂称赞,而耽于批评。在传统文化中提倡的“吾日三省吾身”,或“三人行必有我师”,以及现代提倡的“批评与自我批评”,这些用于自身修养尚可,但从管理角度来讲,激励与自我激励则是必不可少的,更是我们现代企业管理的需要。

四、内部顾客与外部顾客

以科学的眼光来看,在公司的舞台上,上下级关系,都是宾主或主宾关系,就像演职人员之间的关系一样。

这个关系把握好了,你作为经理人就知道自己该做什么和怎样做了。

这个关系的纽带,就是服务。

从这个角度上讲,管理也是服务。每一个上级都是为直接下级服务的。这是一个原则,也是一个管理模式——“倒金字塔模式”。

通俗一点讲,每一个经理都有两个上帝:一个是他的下级员工,一个是他的商务对象。我们称前者为“内部顾客”,后者为“外部顾客”。

内部顾客与外部顾客之间,通常形成主宾关系。

要认真把握这一点!

画一个三角形,自上而下分三段,顺序为“天”、“人”、“地”。

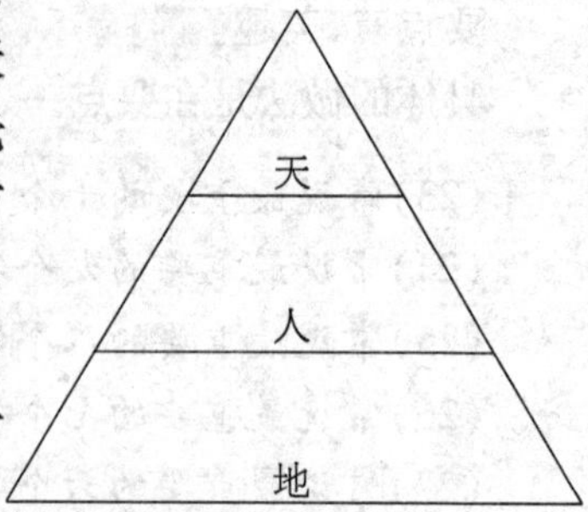

以高阶管理层为“天”,以基层员工为“地”,则中层管理人员就是居中之“人”了。显然,天有“天道”——少言、天多变、权大、没责(谁说老天有责任),是“权”的化身;地有“地道”——有责、没权,四季随分,因果井然,是“利”的化身;人有“人道”——随机而动,顺天应地,承上启下,所以,责任重大,是“责”的化身;它们自成一体,不可分割。这正是我们定位的基本原则。

当然,天外有天,地下有地,任何层级都可以画出不同的三角形,并从中找到自己所属的那个“天地人”维度。这样,也就能清楚地看到,自己该怎么认识自己以及周围的人了。

中坚干部的定位,要求我们顺“天”应“地”,承“上”启“下”。任何错位都可能造成问题(减收、少收或动乱)。

回到三角形中属于“人道”——中层管理人员——中坚干部的“梯形”部分。

首先须知,守“人道”乃我们的天职所在,破坏不得。既然为天职,则必以坦然、认真的心态,去面对来自四面八方的“碰撞”——上边(天)的压、催、逼、管,下边(地)的顶、拔、推、拖、拉,以及左右的挤、撞,不一而足。

其次则应掌握一一化解如上诸般“碰撞”的技巧。对上,要以让人放心的行事准则,去争取赏识,获得自由;对下,要给予高度热心,获得互相体谅;对左右同事,要提供最大限度的帮助,从而获得支援。

而此间,态度的把握是一个关键。作为中层管理人员,必须谦虚、主动。因为谦虚,人人都愿意给你机会;因为主动,你能把握到别人没发现的机会。试想一想,你愿意与一个锋芒毕露、刻薄、冷漠、怠惰、被动、消极的人交往吗?哪怕他再有才气,都会被你排斥掉。所以说,态度决定一切。

这样一个系统观照力的建设,正是我们调整思维的基本意义所在,更是达成沟通目标的必由之路。

五、个人形象

1. 仪容仪表

作为公司“服务的延伸者”和“窗口”,服务管理人员(还包括所有服务人员)的形象,就是公司的形象,所以,应该格外慎重,不能随心所欲。一般而言,给人(员工或客人)留下第一印象需要10秒左右,而这个第一印象的大部分,来自你自己的外表。所以,我们要以最佳的外表出现,杜绝衣冠不整,并时时注意整理好自己的心情和仪表。

程控表单3. **仪表仪容的检点**

序号	检点项目	检 点 标 准
1	头发	整齐,清洁,不染色。
2	耳朵	无污垢。一周至少清洁两次。
3	脸面	没有胡子,鼻毛经过修剪;女性化淡妆;不洒味道浓烈的香水。
4	衣领	必须清洁。
5	领带/结/花	领带色泽稳重、整洁;女性领结/花色泽、样式不可夸张。
6	衬衫	不求华丽、高档,但必须保证熨烫

续表

序号	检点项目	检 点 标 准
7	纽扣	无脱落,且扣齐。
8	拉链	无破损,且拉好。
9	袖口	清洁,且无破损。
10	手	无污垢,指甲经过修剪,无长指甲,不纹甲,不涂有色指甲油。
11	外套	干净、整齐,经过熨烫;色泽稳重而不要华丽,无破损、褶皱;口袋里尽量少放物品;穿脱时候守礼节。
12	裤子	熨烫过;口袋里一般不放物品;裤腿裤脚无破损;腰带黑色、无花纹、有品牌,且系好。
13	袜子	深色、干净;无破损,无脱落。
14	鞋子	前后无破损,无脏垢或灰尘;鞋带系好。
15	手机	大众化铃声、低音;可能影响他人时应设置"静音"或"振动";接打电话时应避免影响他人。
16	工作夹/包	保持原状不变形;干净、整齐。

2. 表达关心的4类话题

鉴于人类的本性就是关注个人利益,所以,合适的举止言谈,就不能脱离开这个核心:谈关于他们及其他们所关心的事情。对下级员工(内部顾客)或外部顾客都应如此。因为只有这样,我们才能做到"从心开始"。具体包括4类:

(1)谈论关于他们家人的情况。如孩子、父母、出生地、家里的生活环境等等。

(2)谈论工作或行业中的话题。如对这个行业的认识、眼下的工作情况如何、职位、将来的发展计划等等。

(3)谈论他们喜欢的娱乐活动。如下班之后如何打发时间、喜欢哪项运动等等。

(4)谈论关于金钱的认识。如物价、花钱旅游或购物的事情、关于金钱的梦想等等。

3. 接人待物的20种态度

态度决定一切。这个接人待物的对象,既包括内部顾客(你的上级、下属或同事），又包括外部顾客。

（1）永远比别人兴奋，而不是故作老成；特别是对待刚接触的人，热情尤其重要；即使写电子邮件，也不要忘记表现热情。热情，等于开启了阻隔在双方之间的一扇门。

（2）不拖延。禁止说“请稍候”，而一定要说“我马上办”。

（3）推崇专家，但别把自己当成专家。对上级、下级、客人都如此，然后才有学习进步的天地。

（4）问候。时时、事事、人人、处处都从问好开始。

（5）对下属或客人，绝不说泄气的话。

（6）关心团队中的每一个人，而不厚此薄彼。

（7）培养赞同人的态度，并表达出来；但通常称赞的是事实，而非人，并要具体；从赞同中获得快乐；注意，矫正说法时，不能针对本人。

（8）除非绝对必要，不说“不同意”；问一些只能答“是”的问题。

（9）尽快道歉。

（10）绝对不争辩。

（11）眼睛要看着对方，用耳朵，尤其要用眼睛“聆听”。

（12）握手，表达诚挚。

（13）不要通过批评别人来抬高自己，尤其不能在外人面前说竞争对手的坏话。

（14）欣赏别人的话题，不要打断或改变话题。

（15）记住人家的名字。

（16）重视财务信用。

（17）承认、理解并欣赏人家的个性差异；不要说人家怪，或在背后议论人家。

（18）尊重别人，要以尊重自己为最底线；你怎样对待别人，将注定别人对待你的态度。

（19）说出去的，就要做到，言行一致。

（20）对任何事情都尽量不要表现出焦急的模样，当然事先的准备工作要做充分。

课后思考与练习

1. 默写服务管理的“技法”与“心法”的主要内容。

2. 结合自己的成长经历，谈谈怎样才能成为专业的服务经理人。

3. 举出一个身边的管理案例，说明“三点循环模式”的应用规则。

4. 员工、客人与你自己的关系，应如何建立？试就此设计一个内部经理交流会的讲话大纲，并宣讲。

第二讲 编制“职位说明书”

导言

服务管理体系中的根本要素，是人力资源。

服务管理的核心工作，是人力资源开发。

人力资源开发中最为关键的工作是编制本企业的“职位说明书”。无论过去有没有做过这项工作，现在开始做。编制“职位说明书”，这是服务经理人认知管理的必由之路。

不要小看这项工作，因为它是一切服务管理工作的基础。不经过这个训练，你根本无法知道什么叫人力资源，谁是人力资源，怎么吸引或培养人力资源。

仓库要盘点，机制、体系、人才等等都要不断地盘点。编制“职位说明书”的过程，就是掌握人力资源开发工具的过程，就是盘点自己、公司、部门、岗位人力资源状况的过程。

这里，仅就一些常规的做法，提供一个循序渐进的指南。

为方便起见，本讲使用的案例均取自高级酒店。

一、服务职位知多少

企业性质、规模不同，职位数字相差很大。

这里以酒店为例，与大家共同分享最简单易行的6类职位“形象规划法”。

1. 经理人职位(D)

包括总经理、副总经理、总监、各部门经理、副经理、二级部经理、行政总厨、主管、领班等。

2. 高级技术职位(E)

包括高级工程师、高级厨师、高级培训师、高级会计师、高级美工等。

3. 专业技术职位(P)

包括电脑工程师、医生、食品卫生检验师、工程基建成本员、园艺师、平面设计师、培训师等。

4. 技术职位(S)

包括文秘人员、摄影师、培训员、人事专员、前厅服务员、接线生、市场销售人员、会计师、美工、公关人员、客户关系代表、会议联络员、美容美发师、调酒师等。

5. 基本技术职位(B)

包括培训师助理、订餐员、会议服务员、会议协调员、餐饮服务员、客房服务员、厨房保障人员、采购员、引位员、行李生、迎宾员、接机代表、工程保障人员、仓库管理员、洗衣工、安全保卫人员、泳池救生员、健身教练、洗发工、宿舍管理员、食堂管理员、司机等。

6. 非技术职位(N S)

包括搬运工、传菜工、洗碗工、清洁工、绿化工、布草工等。

为什么叫做“形象规划法”?

因为中国话的表达,总是能够形成人们的想象空间,尤其是分级定量的方法,所以,把这种一看就想象得到的职位分级法,称为职业分级的“形象规划法”。

只需通过文字形象,我们就可以看出在这个服务企业中,谁要承担更多的管理责任。职位规划的关键,在于建立一个平衡有序的职业体系。

这是我们后边编制“职位说明书”时一定要用到的。

当然,在具体应用时,不同性质的服务企业可以有相应的调整。

二、服务业职位要素及其标准权重

不同行业,有不同的业务模式,当然也会影响到从业者的行为模式。

经过实验,我们对 4 种能力的 28 个要素,从服务业角度,进行了权重规划,并编制了适用于该行业的“服务业职位要素标准权重表”。

程控表单4. **服务业职位要素标准权重表**

部门： 岗位： 类别： 名称：

评价要素	程度划分	最高分数	合计数	百分比(%)
履行责任能力：			400	40%
1. 风险控制的责任	5	80		
2. 成本控制的责任	6	40		
3. 指导监督的责任	6	40		
4. 内部协调的责任	5	30		
5. 外部协调的责任	4	30		
6. 工作结果的责任	6	40		
7. 组织人事的责任	5	40		
8. 法律上的责任	5	70		
9. 决策的层次	5	30		
知识与技能应用能力：			300	30%
1. 最低学历要求	6	30		
2. 知识多样性	4	30		
3. 熟练期	5	20		
4. 工作复杂性	5	40		
5. 工作灵活性	5	40		
6. 工作经验	7	40		
7. 语文知识	4	25		
8. 数学知识	5	25		
9. 综合能力	4	50		
劳动力强度适应力：			200	20%
1. 工作压力	4	40		
2. 精力集中程度	5	40		
3. 体力要求	4	10		
4. 创新与开拓	4	40		
5. 工作紧张程度	4	40		
6. 工作均衡性	4	30		
工作环境适应力：			100	10%
1. 工作时间特征	4	30		
2. 工作危险性	4	30		
3. 职业病	4	15		
4. 环境舒适性	6	25		
合　　计			1000	100%

评估人： 年 月 日

部门经理： 年 月 日

人力资源经理： 年 月 日

三、4种能力(28个要素)的定义与评估标准

每一位管理者，均应对自己每一位部属的职位，特别是新员工的职位，做出对应于4种能力(28个要素)的评估，以便设计薪酬体系、定级，规划福利标准，并纳入其体系之中。

这一节，我们就一起来约定关于它们的定义与评估标准。

记住，每一个人(不单单是人力资源部人员)都用得着这些——任何一位管理人员，都不可能穷尽所有的职位，所以，都要做这个规划；即使已经有了的职位规划，也将因为环境的改变，而要进行重新规划。这仍然是一个建设共同平台的工作。

同时，这个定义与评估标准也是可以改变的，与时俱进，才是根本。

1. 履行责任能力的要素定义及评估标准(9个要素)

(1)风险控制的责任

要素定义：指在不确定的条件下，为保证营业、服务、管理及其他项目顺利进行，维持我方合法权益所担负的责任。该责任的大小由失败后损失影响的大小作为判断基准。

等级	界限说明	评分
0	无任何风险	
1	仅有一些小风险，一旦发生问题，不会给公司造成多大影响	20
2	有一定的风险，一旦发生问题，给公司造成的影响能明显感觉到	40
3	有较大风险，一旦发生问题，会给公司带来较严重的损害	60
4	有极大风险，一旦发生问题，对公司造成的影响不仅不可挽回，而且会致使公司经济发生危机乃至倒闭	80

(2)成本控制的责任

要素定义：指在正常工作状态下，因工作疏忽而可能造成的成本、费用、利息等额外损失方面所承担的责任。其责任大小，由可能造成损失金额的多少作为判断基准，并以月平均值为计量单位。

等级	界限说明	评分
1	不可能造成成本费用等方面的损失或损失金额少于50元	5
2	损失金额在50元以上,200元以下	10
3	损失金额在200元以上,500元以下	15
4	损失金额在500元以上,1000元以下	20
5	损失金额在1000元以上,2000元以下	30
6	损失金额在2000元以上	40

(3)指导监督的责任

要素定义:指在正常权力范围内所拥有的正式指导、监督责任。其责任大小根据所监督、指导人员的数量和层次进行判断(注:3个一般工作人员可折合1个基层管理人员;3个基层管理人员相当于1个中层管理人员)

等级	界限说明	评分
0	不指导、监督任何人,只对自己负责	0
1	监督、指导3个以下一般工作人员	10
2	监督、指导3~5个一般工作人员或1个基层管理人员	15
3	监督、指导5~7个一般工作人员或2个基层管理人员	20
4	监督、指导7~10个一般工作人员或3个基层管理人员或1个中层管理人员	25
5	监督、指导4个以上基层管理人员或2个中层管理人员	30
6	监督、指导2个以上中层管理人员	40

(4)内部协调的责任

要素定义:指在正常工作中,需要与之合作共同顺利开展业务的协调活动,其责任的大小以协调对象所在的层次、人员数量及频繁程度和失调后果大小作为判断基准。

等级	界限说明	评分
0	不需与任何人进行协调,若有,也是偶尔地与本部门的一般职工协调	0
1	仅与本部门职工进行工作协调,偶尔与其他部门进行一些个人协调,协调不利一般不影响自己和他人正常工作	7

续表

等级	界限说明	评分
2	与本部门和其他部门的部分职工有工作联系,协调不利会影响双方的工作	15
3	几乎与本公司所有一般职工有密切的工作联系,或与部分部门经理有工作协调的必要,协调不利对公司有一定的影响	22
4	与各部门的经理及负责人有联系,在工作中需要保持随时联系和沟通,协调不利对整个公司有重要影响	30

(5)外部协调的责任

要素定义:指在正常的工作中需维持密切的工作关系,以便顺利开展工作方面所负有的责任。其责任大小由对方工作重要性作为判断基准。

等级	界限说明	评分
0	不需要与外界保持密切联系,如有,也仅限于一般工作人员,且属偶然性	0
1	工作需要与外界几个固定部门的一般工作人员发生较频繁的业务联系,所开展的业务属于常规性的	10
2	需与旅行商、政府机构、外商保持密切联系,联系原因只限于具体业务范围内	20
3	需要与上级或其他主管部门的负责人保持密切联系,频繁沟通,联系的原因往往涉及重大问题或影响决策	30

(6)工作结果的责任

要素定义:指对工作结果担多大的责任,以工作结果对公司的影响的大小作为判断责任大小的基准。

等级	界限说明	评分
1	只对自己的工作结果负责	6
2	需对自己和所监督、指导者的工作结果负责	12
3	对整个分部门负责	18
4	对整个部门的工作结果负责	24
5	对整个公司的部分部门工作结果负责	30
6	对全公司的工作结果负责	40

(7)组织人事责任

要素定义:指在正常工作中,对人员的选拔、任用、考核、工作分配、激励等具有法定的权力和责任,其责任的大小根据参与人事决策的层次而定。

等级	界限说明	评分
0	不负有组织人事的责任	0
1	仅对一般职工有工作分配、考核和激励的责任	10
2	对一般职工具有选拔、使用、管理的责任	20
3	对基层负责人有任免的权力	30
4	对中层领导具有任免的权力	40

(8)法律上的责任

要素定义:指正常工作中需要拟定和签署具有法律效力的合同,并对合同的结果负有相应的责任。其责任的大小视签约、拟定合同的重要性及后果的严重性作为判断基准。

等级	界限说明	评分
0	不参与有关法律合同拟定和签约	0
1	工作需要偶尔拟定具有法律效力的合同条文。其条文最终受上级审核方可签约	18
2	工作经常需要拟定合同和签约,领导只做原则审核,个人承担部分责任	36
3	工作经常需要审核各种业务或其他具有法律效力的合同,并对合同的结果负有全部责任	54
4	工作经常需要以法人资格签署各种有关合同并对合同的结果负有全部责任	70

(9)决策的层次

要素定义:指在正常工作中需要参与的决策,其责任大小根据所参与决策的层次高低作为判断基准。

等级	界限说明	评分
1	工作中常做一些小的决定,一般不影响他人	6
2	工作中需要做一些大的决定,只影响与自己有工作关系的	12

续表

等级	界限说明	评分
	部分一般职工	
3	工作中需要做一些对所属人员有影响的决策	18
4	工作中需要做一些大的决策,但必须与其他部门负责人共同协商方可	24
5	工作需要参加最高层决策	30

2. 知识技能运用能力的要素定义及评估标准(9 个要素)

(1)最低学历要求

要素定义:指顺利履行工作职责所要求的最低学历要求。其判断基准按相当正规的教育水平。(注:与什么学历的人从事该工作无关)

等级	界限说明	评分
1	初中以下或初中毕业水平	5
2	高中毕业	10
4	职业高中或中专	15
4	大学专科	20
5	大学本科	25
6	大学本科以上	30

(2)知识多样化

要素定义:指在顺利履行工作职责时,需使用多种学科、多种专业领域的知识。其判断基准在于广博,而不在于精深。

等级	界限说明	评分
1	应用网络知识,偶尔使用其他学科知识	7
2	应用网络知识,较频繁地使用其他学科的一般知识	14
3	应用网络知识,频繁地综合使用其他学科的知识	22
4	应用网络知识,工作要求经常变换专业领域	30

(3)熟练期

要素定义:指具备工作所需的专业知识的一般劳动力,需多长时间才能胜任本职工作。

等级	界限说明	评分
1	3个月以内	4
2	3~6个月	8
3	6~12个月	12
4	1~2年	16
5	2年以上	20

(4)工作复杂性

要素定义:指在工作中履行职责的复杂程度。其判断基准根据所需的判断、分析、计划等水平而定。

等级	界限说明	评分
1	简单地、独自地工作,不必考虑对他人有什么妨碍	8
2	只需简单的指示即可完成工作,不需计划和独立判断,偶尔亦考虑自己对别人的妨碍	16
3	需进行专门训练才可胜任工作,但大部分时候只需一种专业技术,偶尔需要进行独立判断或计划,要求考虑如何工作才能不妨碍他人工作	24
4	工作时需运用多种专业技能,经常做独立判断和计划,要有相当高的解决问题的能力	32
5	工作要求高度的判断力和计划性,要求积极地适应不断变化的环境和问题	40

(5)工作经验

要素定义:指工作达到基本要求后,还必须随经验的不断积累才能掌握的技巧。其判断基准是根据这种必须经过一段时间的实际工作才能掌握的技巧所花费的时间。

等级	界限说明	评分
1	3个月内	5
2	3~6个月	10
3	6~9个月	15
4	9~12个月	20
5	1~2年	28

续表

等 级	界 限 说 明	评 分
6	2~5 年	36
7	5 年以上	40

(6)工作的灵活性

要素定义:指在工作中需要具有灵活处理事情的要求。其判断基准取决于工作职责的要求。

等 级	界 限 说 明	评 分
0	属于常规工作,很少或不需要灵活性	0
1	大部分属于常规性工作,偶尔需要处理一些一般性问题	10
2	工作有一半属于常规性的,经常需要灵活处理工作中所出现的问题	20
3	工作一大半属于非常规的,主要靠自己灵活地按具体情况妥善处理	30
4	工作是非常规的,需灵活地在复杂多变的环境中处理重大的偶然性问题	40

(7)语言文字知识

要素定义:指工作所要求的实际运用文字知识的程度。

等 级	界 限 说 明	评 分
1	一般信函、简报、便条、备忘录和通知	10
2	报告、汇报文件、总结(非个人)	15
3	公司文件或研究报告	20
4	合同或法律文件,或运用外国语言或文字沟通	25

(8)数学知识

要素定义:指工作所要求的实际数字运算知识的水平,其判断是以非偶然使用的最高程度为基准。

等 级	界 限 说 明	评 分
1	整数加减	5
2	四则运算、小数、分数	10

续表

等级	界限说明	评分
3	乘方、开方、指数	15
4	统计和线性代数	20
5	计算机程序语言	25

(9)综合能力

要素定义:指为顺利履行工作职责所具备的多种知识素质经验和能力的总体效能要求。

等级	界限说明	评分
1	工作单一、简单,无需特殊技能和能力	10
2	工作规范化、程序化,仅需某方面的专业知识和技能	20
3	工作多样化,灵活处理问题要求高,需综合使用多种知识和技能	35
4	非常规性工作,需在复杂多变环境中处理事务,需高度的综合能力	50

3. 劳动强度适应力的要素定义及评估标准(6个要素)

(1)工作压力

要素定义:指工作本身给任职人员带来的压力,根据决策的迅速性、工作常规性、任务多样性、工作流动性及是否被时常打断来进行判断。

等级	界限说明	评分
1	极少需迅速做决定,工作常规化,工作很少被打断或干扰	10
2	很少需迅速做出决定,工作速度没有特定要求,手头工作有时被打断	20
3	要求经常地、迅速地做出决定,任务多样化,手头的工作经常被打断,工作流动性很强	30
4	要求经常迅速地做出决定,任务多样,工作时间很紧张,工作流动性很强难得坐下来安静处理问题	40

(2)精力集中程度

要素定义:指在工作时所需注意力集中程度的要求,根据集中精力的时间、频率进行判断。

等 级	界 限 说 明	评 分
1	工作时集中精力一般,心神与视力、听觉随便	8
2	工作时需集中精力或视觉、听觉,注意时间约占全部时间的10% ~25%	16
3	第2款的26% ~50%,或高度集中精力或视力、听力时间为工作时间的10% ~25%	24
4	工作时高度集中精力占26% ~50%	32
5	工作时高度集中精力占51%以上	40

(3)体力要求

要素定义:指作业时必须运用体力,其消耗的水平高低根据工作姿势、持续时间长度和用力大小进行判断。

等 级	界 限 说 明	评 分
1	工作时姿势随意	0
2	站立、久坐时间占全部时间50%以下	4
3	站立、久坐时间占全部时间50%以上	7
4	需经常远程出差	10

(4)创新与开拓

要素定义:指保证顺利进行工作所必需的创新与开拓能力的要求。

等 级	界 限 说 明	评 分
0	全部工作为程序化、规范化,无需开拓和创新	0
1	工作基本规范化,偶尔需要开拓和创新	15
2	工作时常需要开拓和创新	30
3	工作性质本身即为开拓创新性的	40

(5)工作紧张程度

要素定义:指工作的节奏、时限、工作量、注意力转移程度和工作所需对细节的重视所引起的工作紧迫感。

等 级	界 限 说 明	评分
1	工作节奏、时限自己掌握,没有紧迫感	10
2	大部分时间的工作节奏、时限自己掌握,有时较紧张,但持	20

续表

等 级	界 限 说 明	评分
	续时间不长	
3	工作节奏、时限自己基本无法控制,明显感到工作紧张	30
4	为完成每日工作,须加快工作节奏,持续保持注意力的高度集中,每天下班时经常感到疲劳	40

(6)工作均衡性

要素定义:指每天工作忙闲不均的程度。

等 级	界 限 说 明	评 分
1	一般没有忙闲不均的现象	7
2	有时忙闲不均,但有规律性	14
3	经常有忙闲不均的现象,但无明显规律性	21
4	工作经常忙闲不均,而且忙的时间持续很长,要打破正常的作息时间	30

4. 工作环境适应力的要素定义及评估标准(4 个要素)

(1)职业病

要素定义:指因工作所造成的身体疾病

等 级	界 限 说 明	评 分
1	无职业病的可能	0
2	会对身体某些部位造成轻度损害	5
3	对身体某些部分造成能明显感觉到的损害	10
4	对身体某些部分造成损害,并明显地产生痛苦	15

(2)工作时间特征

要素定义:指工作要求的特定起止时间。

等 级	界 限 说 明	评 分
1	按正常时间上下班	7
2	基本按正常时间上下班,偶尔需要早到、迟退	14
3	上下班时间根据工作具体情况而定,但有一定的规律,自己可以控制、安排	21

续表

等级	界限说明	评分
4	上下班时间根据具体情况而定,并无规律可循,自己无法控制、安排	30

(3)环境舒适性

要素定义:指工作时环境对任职者身体、心理健康影响的程度。

等级	界限说明	评分
0	非常舒适,无不良感觉	0
1	不舒适时间占全部时间的10%~15%	5
2	不舒适时间占16%~50%或极不舒适占10%~15%	10
3	不舒适时间占16%~50%或极不舒适占16%~25%	15
4	不舒适时间占51%以上或极不舒适占26%~50%	20
5	极不舒适时间占51%以上	25

(4)工作危险性

要素定义:指工作本身可能对任职者身体造成的伤害。

等级	界限说明	评分
0	没有可能对人身造成任何伤害	0
1	不注意可能造成人体表皮局部损伤	10
2	可造成较严重的伤害或偶尔长途出差	20
3	常进行具有危险性的外出	30

四、编制一个"职位要素权重表"

现在,以"人力资源部培训助理"为例,试编制一个"职位要素权重表",供大家举一反三。

通常的做法是这样的——

1.设定职位,明确职责与工作内容

每一个部门、岗位的管理人员,都要做这个工作,而不光是人力资源部门;每一个级别的管理人员都要做这个工作,而不光是经理或总经理。

这是一个“缺什么人,补什么人;缺多少人,补多少人;选择合适的人,做合适的事”的工作,管理者责无旁贷。

可以根据岗位业务需要,确定要找一个或多个职位的“基本职责”与“主要工作内容”,再在此基础上,明确应设定职位的类别、名称、部门、岗位等。

这里,我们将试着组织本部门——人力资源部人员,共同设定一个新职位——

名称:培训助理

岗位类别:基本技术岗位(B)

所属部门:人力资源部

岗位:培训

基本职责:协调安排销售部门所有培训的后勤工作

主要工作内容

(1)培训资料准备

(2)协调培训时间表

(3)准备培训教室和器材设备

(4)收集、分类和维护培训记录

(5)协助培训师执行课程

(6)处理培训费用预算申请和报账

2. 编制该职位的“职位要素权重表”

针对以上要求,我们即可以描绘出我们需要的人物的形象。然后,拿出前项的“4种能力”、“28个要素的定义与评估标准”表格,组织本部门或相关部门3~5人,就每一项,一一进行评分(见下表)。

程控表单5.　　培训助理职位要素权重表

部门:人力资源部　岗位:培训　类别:B　名称:培训助理

评价要素	最高分数	评分	实得(总分)	备注
履行责任能力:			62 (400)	该职位非管理职位
1. 风险控制的责任	80	20		
2. 成本控制的责任	40	5		
3. 指导监督的责任	40	0		
4. 内部协调的责任	30	15		
5. 外部协调的责任	30	10		
6. 工作结果的责任	40	6		
7. 组织人事的责任	40	0		
8. 法律上的责任	70	0		
9. 决策的层次	30	6		

续表

评价要素	最高分数	评分	实得(总分)	备注
知识与技能应用能力: 1. 最低学历要求 2. 知识多样性 3. 熟练期 4. 工作复杂性 5. 工作灵活性 6. 工作经验 7. 语言文字知识 8. 数学知识 9. 综合能力	30 30 20 40 40 40 25 25 50	20 7 16 24 5 10 25 10 20	137 (300)	该职位需要基本技术
劳力强度适应力: 1. 工作压力 2. 精力集中程度 3. 体力要求 4. 创新与开拓 5. 工作紧张程度 6. 工作均衡性	40 40 10 40 40 30	20 24 0 15 20 14	93 (200)	工作需要耐力、体力、效率等
工作环境适应力: 1. 工作时间特征 2. 工作危险性 3. 职业病 4. 环境舒适性	30 30 15 25	0 7 5 0	12 (100)	对性别和年龄的要求不严格
合　计	1000	304	304(1000)	一般职员

通过这个评分的过程,我们还可以获得其他信息——

项目得分越高,说明该职位对该项目的要求越高;得分与最高分数之比,可以作为公司各个职位之间比较的依据,并据此进行职位排列,安排薪资、福利标准等;汇总各个能力的项目得分,可以判断出该职位是属于"管理职位",还是"技术职位"。

3. 抽取、确定适于该职位人选的能力标准

根据得分结果,我们进行选择。

设上表中单项分数较高(20~25分)的要素,为该职位的"必要能力(条件)";设单项分数次高(10~15分)的要素,为"辅助能力(条件)";设单项分数较低(4~7分)的要素,为"参考条件(条件)";一些项目(0分),则可以忽略。这样,我们就可以得到下列信息:

必要能力项目——

(1)语言文字知识;(2)工作复杂性;(3)综合能力;(4)最低学历要求;(5)精力集中程度;(6)风险控制的责任;(7)工作压力;(8)工作紧张程度。

辅助能力项目——

(1)内部协调的责任;(2)外部协调的责任;(3)数学知识;(4)创新与开拓;(5)工作均衡性(6)工作经验;(7)熟练期。

参考能力项目——

(1)决策的层次;(2)成本控制的责任;(3)工作结果的责任;(4)知识多样性;(5)工作灵活性;(6)工作危险性;(7)职业病。

当然,这个过程可能要反复修订几次才准确。因为有些时候,我们常常忽略一些要素,只有在实际动手做的过程中才发现。然后,对这些信息的具体内涵,进行讨论、分析、比较,进一步简化该职位的内在形象特征——

首先,由"必要能力项目"中,分析出"必要条件",即能满足上述能力要求的人,必须具备下述条件(下同)。这些条件,通常比较容易衡量、评测:

(1)至少一年以上相关工作经验

(2)良好的英语口语和书写能力

(3)大专或相当学历

(4)良好的沟通技巧

(5)良好的组织和计划能力

(6)性格开朗,身体健康

其次,由"辅助能力项目"中,分析出"辅助条件"。这些条件,通常需要进行很多软性提问和分析:

(1)有客户导向意识

(2)有团队合作精神

(3)有强烈的学习愿望

最后,由"参考能力项目"中,分析出"参考条件"。注意,只在上两项条件无法区分高下时,才动用这个条件。这个条件,一般包括两方面,一是细化"必要条件"的内容,二是直接取之于"参考条件"(略)。

五、"职位说明书"的诞生

1."职位说明书"的诞生

"职位说明书"是人力资源管理的最基本工具之一,管理人员、当事人可以据此而明确公司的用人标准、自己的努力方向、考核标准等。因此,必须人人会做、会用,主动做、自觉用。这个工作,我们已经在上一节完成了,现在,我们就制作一个完整的“培训助理职位说明书”。

这里还要强调一点,就是简洁。“职位说明书”不能罗列太多条目,轻重不分,没完没了。否则,在实践中很难操作。

程控表单 6. **Job Description 职位说明书**

Job Title 职位: Training Assistant 培训助理

Department 部门: Human Resources 人力资源部

Direct Higher Authorites 直属上级:Manager of the Human Resources Department 人力资源部经理

The Direct Subordinate 直属下级:(None)(无)

Job Type 职位类型:Professional(P)专业技术职位(P)

Job Summary 基本职责:The main task is to assist all the training in Sales Departments, especially in training logistics. 协调安排销售部门所有培训,特别是后勤工作

Main Responsibilities 主要职责:

1. Preparing training materials preparation 培训资料准备
2. Coordinating training schedule cooperation 协调培训时间表
3. Preparing training rooms and facilities 准备培训教室和器材设备
4. Collecting, sorting and maintaining training data 收集、整理和维护培训记录
5. Assisting trainers in training delivery 协助培训师展开培训课程
6. Training expense handling and settling 处理培训费用预算申请和报账

Requirements 必要条件:

1. Have at least 1 year's working experience 至少一年以上相关工作经验
2. Be good at oral and written communication in English 良好的英语口语和书面沟通能力
3. College graduate or equivalent degree 大专或相当学历
4. Good communication skills 良好的沟通技巧
5. Be well in organization and planning 良好的组织和计划能力
6. Outgoing and healthy 性格开朗,身体健康

Supplementary Requirements 辅助条件:

1. Be customer - oriented 有客户导向意识
2. Have good team work spirit 有团队合作精神
3. Eager to learn 有强烈的学习愿望

Preferred 参考条件:

1. More than 1 year's assistant working experience 一年以上培训助理经验
2. Be fluent in oral English and excellent in written English 英语口语流利,书面语良好
3. IT background 有 IT 行业背景

2. 编制“职位说明书”的用途

“职位说明书”要经部门经理、人力资源部经理及其上级签字后生效,一份收归人力资源管理档案,供招工、实施员工生涯规划时参考,一份收归当事

人档案。

要为每一个人制作这个说明书，而且，针对不同的职位，应该安排所有经理人都了解“职位说明书”的内涵和编制过程。

为什么要做这件事？

换个问法，就是这个“职位说明书”是用来做什么的？

其一，统一大家对人力资源结构的认识。

没有这个工具，大家对什么是人力资源就不可能有一个统一的认识渠道，即使读上100本人力资源开发的教材，都不如实际地尝试着编制一次“职位说明书”，来得更直接。听人家说，总是“公说公有理，婆说婆有理”，结果，“到底谁有理，谁大谁有理”，一片模糊。

掌握了这个工具，我们自己就能够判断用人方向了。“招工启事”中的那些条件从哪里来？就从这里来。聘任经理人的条件，也从这里产生。还有职业生涯规划、培养方向设计、人力资源评估等等，都与此有关。

其二，可以用来对部门与部门、职位与职位之间的位差进行比较。

总经理可以召集部门经理开个会，大家一起评估各个部门的岗位权重，然后，能得出关于责任、能力等项目的权重分值，从而使工资待遇的分级规划，有了一个重要参考。

同样，部门经理可以组织召开部门经理人会议，评估出不同职位的岗位权重分值，使不同岗位责任人之间的薪资分配，有了科学的依据。

其三，通过编制“职位说明书”，认识、调整自己的角色定位。

服务员不必了解这么多，但作为经理人则必须了解。掌握了这个工具，就能知道一个职位所需要的能力是哪些，知道了某一职位对能力的具体要求，从而判断自己是否合适，或明确自己的相对长处、短处，并采取措施，调整自己，取长补短。这样，我们自己的角色定位就相对准确了，进步自然要比“摸着石头过河”快。

还有很多，需要大家自己去琢磨，去开发。

课后思考与练习

1. 人力资源开发是谁的工作？你如何认识自己在人力资源开发工作中的作用？

2. 运用本讲的知识，制作一份“本部门招工简章”，并向人力资源部描述制作过程。

第三讲 寻找“金钥匙”

导 言

通过编制“职位说明书”，我们已经步入了人力资源开发的里程。现在，我们开始应用上述成果，来实践前期准备与现场操作的“对接”。

这一讲，就讲“对接”。

“对接”的双方，这边是专业服务经理人，那边是我们所需要的“金钥匙”们——就是未来从事服务工作的可造之材。关于“金钥匙”的基础信息，我们已经在《金钥匙品牌系列教程》中讲得很清楚了，大家可以参考①。但随着角色的变化，我们的理解将从“我做”调整到“让他们做”，情况就大不相同了。所以，有一些功课，还得从头再来。

关于“金钥匙”的概念，我还要强调，它不是一个职业，而是“品牌服务人”的代名词。

一、找到榜样——故事比你会说话

1. 榜样的力量是无穷的

作为专业服务经理人，能否找到榜样，将决定人力资源开发的效率。

① 《服务人基础教程》《品牌服务人教程》，旅游教育出版社出版。

这里，我们仍以“金钥匙”弗雷德的故事为样板，来导入一个机制。

“金钥匙”弗雷德是美国邮政的一名普通邮差，然而，他实现了从平凡到杰出的跨越，他的故事改变了两亿美国人的观念……

当然，你也可以选择雷锋、白求恩、张思德、孔繁森或身边的任何将服务做成品牌的人。

总之，故事比你会说话。

2. 桑布恩先生——专业服务经理人的榜样

如果说，一个“金钥匙”弗雷德，是天性造作，那么，对“金钥匙”弗雷德的发现，则不能没有演说家桑布恩先生(《邮差弗雷德》作者)的慧眼。

那么，他做了哪些工作呢?

首先，是用心观察，发现。

第一次遇见弗雷德，是在我买下并迁入新居几天后，有人敲门来访。我打开房门一看，外面站着一位邮差。

发现一：做事积极、主动，恰到好处地及时。

“上午好，桑布恩先生!”他说起话来有种兴高采烈的劲头，“我的名字是弗雷德，是这里的邮差，我顺道来看看，向您表示欢迎。介绍一下我自己，同时，也希望能对您有所了解，比如您所从事的行业。”

弗雷德中等身材，蓄着一撮小胡子，相貌很普通。尽管外貌没有任何出奇之处，他的真诚和热情却溢于言表。

发现二：成就不在外表，而在个性开朗、明快，热情洋溢。

这真让人惊讶。我收了一辈子的邮件，还从来没见过邮差做这样的自我介绍，但这确实使我心中一暖。我对他说：“我是个职业演说家，这算不上真正的工作。”

“如果你是位职业演说家，那肯定要经常出差旅行了?”弗雷德问我。

“是的，确实如此。我一年总要有160到200天出门在外。”

弗雷德点点头继续说道：“既然如此，最好你能给我一份你的日程表，你不在家的时候我可以把你的信件暂时代为保管，打包放好，等你在家的时候再送过来。”

这简直太让人吃惊了！不过我对弗雷德说，没必要这么麻烦，“把信放进房前的邮箱里就好了，我回家的时候再取也一样的”。

他解释说：“桑布恩先生，窃贼经常会窥探住户的邮箱，如果发现是满的，就表明主人不在家,那你就可能要身受其害了。"

弗雷德比我还关心我的邮件!不过,毕竟在这方面,他才是专家。

他继续道:"我看不如这样,只要邮箱的盖子还能盖上,我就把信放到里面,别人不会看出你不在家。塞不进邮箱的邮件,我搁在房门和屏栅门之间,从外面看不见。如果那里也放满了,我就把其他的信留着,等你回来。"

此时我不禁暗自琢磨:这人真的是美国邮政的雇员吗?或许这个小区提供特别的邮政服务?不管怎样,弗雷德的建议听起来完美无缺,我没有理由不同意。

发现三:高度专业,而且善于说服。

两周后,我出差回来,刚把钥匙插进锁眼,突然发现门口的擦鞋垫不见了。我想不通,难道在丹佛连擦鞋垫都有人偷?不太可能。转头一看,擦鞋垫跑到门廊的角落里了,下面还遮着什么东西。

事情是这样的:在我出差的时候,美国联合递送分公司(UPS)误送了我的一个包裹,给放到沿街再向前第五家的门廊上。幸运的是,我有邮差弗雷德。

看到我的包裹送错了地方,他就把它捡起来,送到我的住处藏好,还在上面留了张纸条,解释事情的来龙去脉,又费心用擦鞋垫把它遮住,以避人耳目。

发现四:服务技能、技巧专业纯熟,并能用心去做。

圣诞节临近的时候,我在邮箱里给他放了一份小小的礼物。第二天,我的邮件里有一封不同寻常的信,上面贴着邮票,可是没盖邮戳。我看了一下回执,发信人是邮差弗雷德。

弗雷德知道把未经邮局投寄的信私自放入邮箱是违法的。所以,尽管是他本人把信从自己家送到我的住处,他还是在信封上面贴上邮票,使其合法。

发现五:诚实,遵守规则。

在工作之外,弗雷德还对我有一份个人的兴趣。一天,我正修剪房前的草坪,街上的一辆汽车减慢了速度,车窗摇下来,一个熟悉的声音喊道:"嗨!桑布恩先生!这次出差还好吧?"

是弗雷德,工作之余,开车在小区中兜风呢.

发现六:充分关注、关心,提供个性化服务。

然后,是他能够用心去总结所发现的——

总结一:他是一个金光熠熠榜样。

弗雷德已经不仅仅是在送信，他现在做的是 UPS 分内应该做好的事！

他的行为使我震动。

作为一个职业演讲家，不管是在客户服务还是一般的业务中，我可以很容易地发现并指出服务质量上的问题。但要找到优秀的例子，甚至是稍堪称许的，都要困难得多。但弗雷德却是一个金光熠熠的例子，人性化的贴心服务正该如此，他为所有渴望在工作中有所作为的人树立了榜样。

……

弗雷德和他工作的方式，对于 21 世纪任何想有所成就、脱颖而出的人来说，都是一个最适用的象征。

总结二：每个人都能有所作为。

想想弗雷德所做的一切：别的邮差可能把自己的工作看成是枯燥乏味的苦差，他却从中看到了为别人生活带来改善的机会，而且是积极的改善。

马丁·路德·金说：

“如果一个人是清洁工，那么他就应该像米开朗基罗绘画、像贝多芬谱曲、像莎士比亚写诗那样，以同样的心情来清扫街道。他的工作如此出色，以至于天空和大地的居民都会对他注目赞美：‘瞧，这儿有一位伟大的清洁工，他的活儿干得真是无与伦比！’”

弗雷德理解这段话的寓意。他的行为本身就证明了，没有任何工作是卑微的、不足道的，只要做这项工作的人是杰出的，不同凡响的。

总结三：成功的基石是关系。

道理很简单。冷淡的人提供服务时总是公事公办的态度。只有在服务人员和客人之间建立某种关系和交往，服务才能人性化。（“金钥匙”）弗雷德花费时间来认识我，了解我的需要和喜好，然后利用这些信息为我提供前所未有的优质服务。

（“金钥匙”）弗雷德的事例证明，在任何工作或业务中，关系的建设是首要的目标，因为关系的质量决定了产品或服务的质量。

总结四：你必须持续地为他人创造价值而不必花费一分钱。

没有足够的资金？没有受过必要的培训？没碰到合适的机会？换句话说，你是否抱怨过自己缺少资源？你是否已经开始相信，“无中生有”是不可能的？

请想一想弗雷德吧。作为邮差，他拥有什么资源呢？一套蓝色的工作服，一只布口袋，就这些！他走街串巷为人送信，口袋里装满了邮件，脑袋里却装满了想象。正是这些想象，使他能为客人创造价值，这并没有让他多花一分钱。他只是比大多数邮差用心多一点，创造性多了一点。

我认为，弗雷德的做法表明，他掌握了21世纪最重要的职业技能：

在不增加支出的同时，为客户创造更大价值的能力。你也可以尝试用想象力代替金钱。你的目标应该比竞争对手想得更多，而不是花钱更多。

总结五：定期调整自我，振作自己。

从弗雷德身上得到的重要启示，必然使我们自问：如果弗雷德能赋予邮差以如此多的新意，那么你和我在工作中，难道不能更为奋发，有更多创新吗？

有许多日子，你一早睁开眼就感觉沮丧乏力。你已经读过书、听过录音、看过录像、上完培训课程。你觉得自己已经做了能做的一切，但仍然是意志消沉，无精打采。处于这样的人生低潮，当你的工作责任心已经萎缩，当下班回家成为你每天的首要目标，这时，你该怎么办？

我个人的对策是：想一想那个过去曾经为我送信的人。因为，如果邮差弗雷德能以如此卓越的创新精神和责任心来完成把信放入邮箱这样的工作，那么我也一样可以调整工作态度，重新焕发青春，使自己生机勃勃，我甚至可能做得更好。

我相信，不论你从事什么工作，在何种行业，也不论你住在何处，每天早晨醒来，你都是一个全新的人。你可以按照自己的选择，来塑造自己的工作和生活。

第三，是他在观察、发现并总结后，迅速应用到工作实践中。

实践一：讲给大家听，让大家都知道，建立共识。

由于弗雷德的榜样，我开始把他的事迹拿出来，在全国各地举行的演讲与座谈会上和听众一起分享。似乎每一个人，不论他从事的是服务业还是制造业，不论是在高科技产业还是在医疗行业，都喜欢听弗雷德的故事。听众对他着了迷，同时也受到他的激励与启发。

实践二：及时反馈进程，鼓励榜样和大家一起前行。

回到住处，我偶尔有机会转告弗雷德他的事迹如何激励着别人。

我告诉他，有一个灰心丧气、一直得不到老板赏识的员工，写信给我说弗雷德的榜样鼓励她“坚持不懈”，做她心里认为正确的事，不计较是否能得到承认和回报。

我还告诉弗雷德，在一次演讲之后，一位听讲的经理把我拉到一边，对我说他现在才认识到，“原来一直以来自己事业的理想就是做一个弗雷德”。

他相信，在任何一个行业和领域里，每个人的奋斗目标都应该是杰出的和优秀的。

实践三：建立制度，使榜样的作用变成团队规范。

我很高兴让他知道，已经有很多家公司创设了“弗雷德奖”专门鼓励那些在服务、创新和尽责上具有同样精神的员工。

3. 榜样成长的环境

榜样的成长，需要一个合适的环境，如果环境不合适，那么，他将面临三种命运：

很快被淹没，无声无息地“死去”；或者遭遇抵制，鞭打快牛，被轰轰烈烈地“整死”；或者忍受不了日益枯竭的内在资源，而不能不选择“退出”。

作为专业服务经理人，必须主动地、不懈地来创造“合适的环境”。

具体做法，包括三方面——

首先，要全力传达正面信息，激励士气。如，

“他（榜样）是我们团队的一部分。”

“表现出强烈的团队意识。”

“个人（榜样）价值观与组织价值观完全一致。”

“他（榜样）忠诚于组织。”

“他（榜样）体现出一种主人翁精神。”

其次，要严格避免负面信息影响团队环境。如，

“他只在领导在场时，才努力做事的。”

“看重金钱激励。”

“表面上说组织好话，背地里就另一个样子。”

“公司有困难时，先考虑找另一份工作。”

“没有人支持、欣赏、感激，有些无聊。”

最后，是严守专业服务经理人的角色本分，并明确地传达出角色信息。如，

“我信任我正在实践的理念——给人方便，给人自信，给人欢喜。”

“我把钱花在该花的地方，把好钢用在刀刃上了。”

“我信守诺言。”

……

4. 专业服务经理人吸引“金钥匙”的7个态度

(1)积极微笑

天下处处有“金钥匙”,成功来源于积极的思维,来源于不断的微笑。

(2)相信

相信我们一定能找到“金钥匙”。“相信”,比才能更重要。

(3)坚持

最困难的时候,就是“金钥匙”离我们最近的时候。他们本来就在我们身边,只是我们有眼无珠而已。

(4)寻找自己——成为“金钥匙”

要找到“金钥匙”,自己要先成为“金钥匙”,你怎样看自己,别人就怎样看你。

(5)得到

得到“金钥匙”,就是付出“金钥匙”的精神、精力,即“欲取之,必先予之”。

(6)成长

“金钥匙”生活在一个健康的态度里、一个喜悦的心灵中。

(7)目标

以追求幸福为大家共同的目标——想美事的人是幸福的人。企业存在的目标,就是“安人”。人不能安,业永远难成。

二、EQ测试

EQ(情绪商数,简称“情商”)测试,是我们寻找“金钥匙”的一个辅助手法,但只限于辅助手法,不是决定工具。但通过它,我们认识人的视野可以更加开阔、深刻。

在常规招聘与特殊招聘时,我们都可以应用这个测试。

当然，情商高并不意味着他就是“金钥匙”，因为不同部门、岗位对情商要求不同。

如在酒店业，前厅、餐饮岗位，需要活跃的、高情商人物；而客房、工程岗位的需要则相反，他们希望员工稳重、细致。但有一条是共同的，即要有服务心。

所以，认真分析 EQ 测试结论，将大大有助于我们获得真实情况。

程控表单 7. **EQ 测试问卷**

说明：

(1)请按照顺序，迅速完成下列问卷(最好不超过 30 分钟)。

(2)回答问题应诚实，我们将善尽保密职责。

(3)关于分数的计算：

每答完一组测试题，即请纵向算出各题之和，计入表下加法等式中，并算出总值；

最后，将各组题的总值，标入“EQ 测试评估表”内适当的“△”处，即可。

谢谢你的合作。

第一部分 目前的生活环境

测试一：生活经验

请回想过去一年里，下面各项生活经验带给你多少负面冲击。	严重	中等	轻微	没有影响/不曾发生	
被辞退、裁员或自动辞职、退休 …………	3	2	1	0	
换工作或换老板 …………	3	2	1	0	
接触新形态的工作 …………	3	2	1	0	
公司裁员或重组 …………	3	2	1	0	
其他工作变化 …………	3	2	1	0	
财务损失或收入减少 …………	3	2	1	0	
亲友死亡 …………	3	2	1	0	
搬家 …………	3	2	1	0	
分居或离婚 …………	3	2	1	0	
婚姻问题 …………	3	2	1	0	
买房子 …………	3	2	1	0	
遭人侵害 …………	3	2	1	0	
家中新添成员(新生儿、领养、再婚等) …………	3	2	1	0	
诉讼 …………	3	2	1	0	
重病或重伤 …………	3	2	1	0	
亲友重病或重伤 …………	3	2	1	0	
照顾年迈或残病的家人 …………	3	2	1	0	
其他变化 …………	3	2	1	0	1
	+	+	+	=	□

测试二:工作压力

请回想过去一年里有哪些工作压力对你造成负面冲击。	严重	中等	轻微	没有影响/不曾发生	
工作不稳定	3	2	1	0	
与直属上司的关系	3	2	1	0	
工作重点改变	3	2	1	0	
与同事的关系	3	2	1	0	
升迁或个人成长的机会	3	2	1	0	
工作量太大	3	2	1	0	
对自身工作量的控制	3	2	1	0	
工作缺乏弹性难以兼顾家人及个人的紧急状况	3	2	1	0	
公司的聘雇与升迁政策不公	3	2	1	0	
上司的监督太严格	3	2	1	0	
工作枯燥乏味	3	2	1	0	
工作获得特别的认可或奖赏	3	2	1	0	
完成期限紧迫	3	2	1	0	
愈来愈无法投入工作	3	2	1	0	
规定太烦琐难以施展	3	2	1	0	
工作时间有弹性	3	2	1	0	
通勤问题	3	2	1	0	2
	+	+	+	=	

测试三:个人压力

请回想过去一个月里有哪些个人压力带给你负面的冲击。	很符合	尚符合	略符合	完全不符	
经济因素	3	2	1	0	
照顾年迈或残病的亲人	3	2	1	0	
与合伙人或配偶发生冲突	3	2	1	0	
亲子问题	3	2	1	0	
与配偶分开	3	2	1	0	
健康走下坡	3	2	1	0	
托育问题	3	2	1	0	
没有时间与亲人共处	3	2	1	0	
居住环境不安全	3	2	1	0	
与亲人(父母、兄弟、连襟)关系紧张	3	2	1	0	
性关系不谐	3	2	1	0	
工作家庭难兼顾	3	2	1	0	
寂寞	3	2	1	0	
生育问题	3	2	1	0	3
	+	+	+	=	

第二部分　情绪识辨率

测试四：情绪自觉

下面哪些叙述最能符合你目前对自己的看法或感受？	很符合	尚符合	略符合	完全不符
我能明确形容自己的感觉	3	2	1	0
倾听自己的感觉让我对自己更了解	3	2	1	0
多数时候我都能掌握自己的感觉	3	2	1	0
情绪转恶劣时我会有感觉	3	2	1	0
难过的时候我都知道理由	3	2	1	0
我的自我评价会受到别人对我的悲观影响	3	2	1	0
我很满意我的情绪状态	0	1	2	3
情绪太强烈的人会让我害怕	3	2	1	0
我常希望自己是别人	0	1	2	3
我会从身体的状况了解自己的感觉	3	2	1	0
我能坦然接受自己的感觉	3	2	1	0

4

　　+　　+　　+　　= □

测试五：情绪的表达

下面哪些叙述最能符合目前对自己的看法或感受？	很符合	尚符合	略符合	完全不符
别人表现不错时我会让他知道	3	2	1	0
即使是负面的情绪，我也会表达出来	3	2	1	0
我会让别人知道我的需求	3	2	1	0
我会让亲友知道我对他们的欣赏或感谢	3	2	1	0
我不太表达自己的感觉	0	1	2	3
不快的感受影响到工作时，我会让别人知道	3	2	1	0
我需要帮助时，不太会向别人求助	0	1	2	3
与人互动时，我能掌握对方的感受	3	2	1	0
我会尽一切可能不在同辈面前显出愚蠢的样子	0	1	2	3

5

　　+　　+　　+　　= □

测试六：对他人的情绪自觉

下面哪些叙述最能符合你目前对自己的看法或感受？	很符合	尚符合	略符合	完全不符
我可以从别人的眼睛察知他的感受	3	2	1	0
我很难和观点与我相异的人交谈	0	1	2	3
我比较会注意到别人的优点	3	2	1	0
我很少责备别人	3	2	1	0
我在提出个人意见以前会想到别人的感受	3	2	1	0
不管对象是谁，我永远是耐心的倾听者	3	2	1	0
我走进有很多人的房间时，会很快感受到里面的气氛	3	2	1	0
我能够让新认识的人畅谈他自己	3	2	1	0
我很能听出别人的弦外之音	3	2	1	0

我通常能掌握别人对我的观感	3	2	1	0	
我也能掌握别人未说出来的感受	3	2	1	0	
我会依据不同对象而改变情绪表达的方式	0	1	2	3	
我感觉得出来身边的人心情不佳	3	2	1	0	6
	+	+	+	=	

第三部分 EQ 能力

测试七:意图

下面哪些叙述最能符合目前对自己的看法或感受?	很符合	尚符合	略符合	完全不符	
必要时我很容易专注	3	2	1	0	
我做事通常有始有终	3	2	1	0	
必要时我懂得如何说不	3	2	1	0	
完成一项目标时,我知道如何奖励自己	3	2	1	0	
我会为了长程目标暂时牺牲短程的利益	3	2	1	0	
必要时我可以完全专注某项任务	3	2	1	0	
我有时会后悔所做的事	0	1	2	3	
我对自我的情绪管理负起责任	3	2	1	0	
我面对问题喜欢速战速决	3	2	1	0	
我在行动之前会先思索我真正要的是什么	3	2	1	0	
我会为了更高远的目标而延迟个人的满足	3	2	1	0	
情绪低落时,我可以说服自己走出阴霾	3	2	1	0	
别人的批评会激怒我	0	1	2	3	
有时我不知道自己为何发怒	0	1	2	3	7
	+	+	+	=	

测试八:创造力

以过去一个月而言,下面哪些叙述最能代表你的行为或意图?	很符合	尚符合	略符合	完全不符	
我曾向公司提出创新的计划	3	2	1	0	
我乐于与别人分享资讯与观念	3	2	1	0	
我喜欢想象未来、规划未来的方向	3	2	1	0	
我的最佳构想都不是刻意想出来的	3	2	1	0	
有时灵光一现便能想出完整而高明的创意	3	2	1	0	
我很能预见构想的成败机率	3	2	1	0	
特殊的新观念总让我兴趣盎然	3	2	1	0	
我在公司推行过创新的措施	3	2	1	0	
新的构想或解决方案让我感到兴奋	3	2	1	0	
我善于透过脑力激荡找出解决方案	3	2	1	0	8
	+	+	+	=	

测试九:韧性

以过去一个月而言,下面哪些叙述最能代表你的行为或意图?	很符合	尚符合	略符合	完全不符
我可以从失望中站起来	3	2	1	0

只要下定决心，我都可以达到目标 …………	3	2	1	0
人生的挫折反而让我渐入佳境 ………………	3	2	1	0
必要时，我有等待的耐心 …………………	3	2	1	0
我认为问题永远不只有一个答案 ……………	3	2	1	0
我知道如何满足自己每一个需求 ……………	3	2	1	0
我不喜欢拖延 ………………………………	3	2	1	0
我害怕尝试以前失败过的事 ………………	0	1	2	3
我认为有些问题根本不值得费心 ……………	3	2	1	0
面对压力我能设法放松自己 ………………	3	2	1	0
我可以用幽默的眼光看待事情 ……………	3	2	1	0
我常会暂时放下问题以寻求不同的思考角度…	3	2	1	0
面对问题会努力思索我能怎么做 …………	3	2	1	0

+ + + = [ ] 9

测试十：人际关系

以过去一个月而言，下面哪些叙述最能代表你的行为或意图？	很符合	尚符合	略符合	完全不符
当我失去重要的东西时能释放悲伤 …………	3	2	1	0
别人太靠近我（情感上）会让我不自在………	0	1	2	3
碰到问题时，我有不少朋友支持我 …………	3	2	1	0
我对朋友非常热诚 …………………………	3	2	1	0
面对问题我知道如何着手或可以向谁求助…	3	2	1	0
我的日常行为明显反映自身的价值观 ………	3	2	1	0
需要时家人总是支持我 ……………………	3	2	1	0
我怀疑同事是否真的关心我 ………………	0	1	2	3
我不太容易交朋友 …………………………	0	1	2	3
我很少哭泣 …………………………………	0	1	2	3

+ + + = [ ] 10

测试十一：建设性

以过去一个月而言，下面哪些叙述最能代表你的行为或意图？	很符合	尚符合	略符合	完全不符
我能有效表达异议以促成改变 ………………	3	2	1	0
会引起别人反对的话，我会隐藏在心里 ……	0	1	2	3
坦白说，我只相信自己能把事情做好 ………	0	1	2	3
别人发怒时，我也能保持镇静 ……………	3	2	1	0
只要能够避免，我认为最好不要揭开问题 …	0	1	2	3
我很难让我的工作小组获致共识 ……………	0	1	2	3
我会要求同事对我的表现表示意见 …………	3	2	1	0
我擅长团队的组织与动员 …………………	3	2	1	0
我喜欢面对职场上的挑战 …………………	3	2	1	0
只要是合理的批评，我都可以坦然接受 ……	3	2	1	0
我常等到问题恶化成为危机才去谈它 ………	0	1	2	3
提出批评时，我总是对事不对人 …………	3	2	1	0
我尽量避免与人冲突 ………………………	0	1	2	3

+ + + = [ ] 11

第四部分 EQ价值观念与信念

测试十二:同情

以过去一个月而言,下面哪些叙述最能代表你的行为或意图?	很符合	尚符合	略符合	完全不符	
即使别人没有说出口,我也可以看到他的痛苦 ……	3	2	1	0	
我可以从别人的身体语言判读他的情绪 ……	3	2	1	0	
与人相处,我谨守是非分明的原则 ……	3	2	1	0	
别人有困难时,我会热心伸出援手 ……	3	2	1	0	
与人互动时,我会考虑对方的感受 ……	3	2	1	0	
我能设身处地地为人着想 ……	3	2	1	0	
有些人我永远无法谅解 ……	0	1	2	3	
我能接受自己的不完美 ……	3	2	1	0	
我有一点成就时,总觉得还可以做得更好 ……	0	1	2	3	
在尴尬的处境下,我会为别人保留面子 ……	3	2	1	0	
我常担忧自己的缺点 ……	3	2	1	0	
我嫉妒比我拥有更多的人 ……	3	2	1	0	12
		+	+	+	=

测试十三:人生观

以过去一个月而言,下面哪些叙述最能代表你的行为或意图?	很符合	尚符合	略符合	完全不符	
我比较会看到事物的光明面 ……	3	2	1	0	
我热爱我的人生 ……	3	2	1	0	
我有自信可以解决各种难题 ……	3	2	1	0	
我相信事情总会有好的结果 ……	3	2	1	0	
我常因运气不佳而屡感挫折 ……	0	1	2	3	
我喜欢自己 ……	3	2	1	0	
我视挑战为学习的机会 ……	3	2	1	0	
我有自信能在压力之下解决问题 ……	3	2	1	0	13
		+	+	+	=

测试十四:直觉

以过去一个月而言,下面哪些叙述最能代表你的行为或意图?	很符合	尚符合	略符合	完全不符
有时候我知道答案却不知其所以然 ……	3	2	1	0
我的第六感很准 ……	3	2	1	0
我会在心中描绘出未来的目标 ……	3	2	1	0
一项产品完成以前,我就能预见它的样子 ……	3	2	1	0
即使别人都不了解,我对自己的梦想仍深信不疑 ……	3	2	1	0
面对两难的抉择,我会听从内心的指引 ……	3	2	1	0
感觉有什么不对劲时,我会特别留心 ……	3	2	1	0
我一旦下定决心便很少改变 ……	0	1	2	3

有人说我很有远见	3	2	1	0	
我很难接受不同的意见	0	1	2	3	
做决定时,我会考虑我的直觉	3	2	1	0	14
	+	+	+	=	

测试十五:信任半径

以过去一个月而言,下面哪些叙述最能代表你的行为或意图?	很符合	尚符合	略符合	完全不符	
只要我不计较,别人就会占我便宜	0	1	2	3	
没有找到怀疑的理由之前,我会相信别人	0	1	2	3	
我谨慎选择信任的人	0	1	2	3	
我尊重同僚	3	2	1	0	
公司里与我条件相当的人都比我幸运(指加薪、升迁、发展机会、报酬等)	0	1	2	3	
我交往的都是值得信赖的人	3	2	1	0	
我总觉得自己较吃亏	0	1	2	3	
人生常常是不公平的	0	1	2	3	
此路不通我会另辟蹊径	3	2	1	0	
对初识的人我不太透露私事	0	1	2	3	15
	+	+	+	=	

测试十六:个人的力量

以过去一个月而言,下面哪些叙述最能代表你的行为或意图?	很符合	尚符合	略符合	完全不符	
我有完成事情的能耐	3	2	1	0	
我觉得自己一生受命运的左右很深	0	1	2	3	
我觉得公司既有的层级很难打破	0	1	2	3	
我觉得情势比人强	0	1	2	3	
我需要别人的认可才会觉得工作有价值	0	1	2	3	
别人很容易喜欢我	3	2	1	0	
我不容易接受赞美	0	1	2	3	
我能得到我所要的	3	2	1	0	
我自觉能掌控人生	3	2	1	0	
深入反省,基本上我是不快乐的	0	1	2	3	
面对快速的变化,我会感到害怕与无法掌控	0	1	2	3	
我喜欢掌控事情	3	2	1	0	
我知道自己要什么,而且全力以赴	3	2	1	0	16
	+	+	+	=	

测试十七:诚信

以过去一个月而言,下面哪些叙述最能代表你的行为或意图?	很符合	尚符合	略符合	完全不符
我愿意承认自己所犯的错	3	2	1	0
别人觉得我很不真诚	0	1	2	3
一旦我对工作失去热忱,我会换工作	3	2	1	0

工作是我个人价值观的延伸	3	2	1	0	
我从不说谎	3	2	1	0	
我即使对一件事已不再信服也不会逆势反向操作	0	1	2	3	
我会夸大自己的能力以求出人头地	0	1	2	3	
我会克服万难说出真相	3	2	1	0	
我会在职场上做出违背信念的事	0	1	2	3	17
	+	+	+	=	

第五部分 EQ 成效

测试十八:健康总体检

过去一个月里,你有过下列症状吗?	没有	一、两次	每周发生	几乎每天发生
身体方面:				
背痛	0	1	2	3
体重失常(过重或过轻)	0	1	2	3
紧张性头痛	0	1	2	3
偏头痛	0	1	2	3
感冒或呼吸器官的有病	0	1	2	3
肠胃不适	0	1	2	3
胸痛	0	1	2	3
不明疼痛	0	1	2	3
其他慢性疼痛	0	1	2	3
行为方面:				
饮食(食欲不振、食量过大、没有时间吃饭)	0	1	2	3
抽烟	0	1	2	3
饮酒	0	1	2	3
服用镇静剂	0	1	2	3
服用阿司匹林或其他止痛药	0	1	2	3
其他药物	0	1	2	3
回避亲密关系	0	1	2	3
常批评责怪或嘲弄他人	0	1	2	3
有被害情绪或常觉被占便宜	0	1	2	3
看电视	0	1	2	3
玩电动游戏或上网路(每天超过两个小时)	0	1	2	3
讨厌身边所有的人	0	1	2	3
发生意外或受伤	0	1	2	3
情绪症状:				
很难专注	0	1	2	3
觉得工作难以负荷	0	1	2	3
容易分神	0	1	2	3
杞人忧天/不停地想同一件事	0	1	2	3
沮丧、低落、无助	0	1	2	3
孤单	0	1	2	3

脑子一片空白	0	1	2	3	
疲倦或无法负荷	0	1	2	3	
犹豫不决	0	1	2	3	
很难让自己动起来或静下来	0	1	2	3	18
	+	+	+	=	

测试十九:生活品质

下列叙述是否符合你目前对自己的想法与感受?	非常符合	尚符合	略符合	完全不符	
我非常满意自己的生活	3	2	1	0	
我觉得健康、快乐、有活力	3	2	1	0	
我感到心灵平静而幸福	3	2	1	0	
我要好好改变生活才可能快乐	0	1	2	3	
我的生活能满足我最深刻的需求	3	2	1	0	
人生不如意的事比我预期的多	0	1	2	3	
我喜欢自己本来的样子	3	2	1	0	
我乐在工作	3	2	1	0	
我的工作相当有意义	3	2	1	0	
现在的生活能带给我满足感	3	2	1	0	
我能充分发挥潜能	3	2	1	0	19
	+	+	+	=	

测试二十:人际 EQ

下列叙述是否符合你目前对自己的想法与感受?	非常符合	尚符合	略符合	完全不符	
我有所谓的心灵之交	3	2	1	0	
我与亲近的人彼此坦诚相待	3	2	1	0	
我曾深爱过一个人	3	2	1	0	
我有不少社交的朋友	3	2	1	0	
我能维持长久的两性关系	3	2	1	0	
我自知在亲近的人心中相当重要	3	2	1	0	
我能自在表达对别人的关切	3	2	1	0	20
	+	+	+	=	

测试二十一:最佳表现

下列叙述是否符合你目前对自己的想法与感受?	非常符合	尚符合	略符合	完全不符	
我满意自己的工作表现	3	2	1	0	
同事认为我有助于团队的沟通	3	2	1	0	
工作上我觉得没有参与感	0	1	2	3	
工作时我不易专注	0	1	2	3	
我在工作中能参与决策	3	2	1	0	
我常无法实现目标或完成任务	0	1	2	3	
我一向全力以赴,表现最好的成绩	3	2	1	0	21
	+	+	+	=	

EQ 测试评估表

测试解说表	EQ 测试	表现总评	宜小心谨慎	有待改进	值得嘉许	绝佳状态
1	生活经验	目前生活环境	0——2 △	3——7 △	8——15 △	16——54 △
2	工作压力		0——6 △	7——13 △	14——20 △	21——51 △
3	个人压力		0——2 △	3——7 △	8——14 △	15——42 △
4	情绪自觉	情绪识辨率	33——29 △	28——24 △	23——19 △	18——0 △
5	情绪表达		27——20 △	19——17 △	16——13 △	12——0 △
6	对他人情绪的自觉		39——28 △	27——22 △	21——15 △	14——0 △
7	意图	情绪压力	42——33 △	32——27 △	26——21 △	20——0 △
8	创造力		30——24 △	23——19 △	18——13 △	12——0 △
9	韧性		39——34 △	33——28 △	27——21 △	20——0 △
10	人际关系		30——28 △	27——23 △	22——18 △	17——0 △
11	建设性不满		39——34 △	33——27 △	26——20 △	19——0 △
12	同情	价值观与信念	36——33 △	32——29 △	28——21 △	20——0 △
13	人生观		24——23 △	22——19 △	18——13 △	12——0 △
14	直觉		33——29 △	28——23 △	22——18 △	17——0 △
15	信任半径		30——26 △	25——21 △	20——16 △	15——0 △
16	个人力量		39——34 △	33——29 △	28——24 △	23——0 △
17	诚信		27——20 △	19——17 △	16—13 △	12——0 △
18	健康总体检	EQ 成效	0——8 △	9——18 △	19——31 △	32——96 △
19	生活品质		33——27 △	26——22 △	21——17 △	16——0 △
20	人际 EQ		21——20 △	19——17 △	16——14 △	13——0 △
21	最佳表现		21——20 △	19——17 △	16——13 △	12——0 △

根据测评的结果，我们能够发现当事人的个性、心理特征等更适于哪个岗位，或根本不适合服务业。这样，就可以以此与第二讲中“职位说明书”的要求进行比较了，从而为我们的人才选择提供了一个重要的依据。

在此，我还要批评一种认识：“这样做太麻烦！”

不肯在“准备”、“设计”、“规划”、“后台”工作上做大投入，常常正是我们无法建设“体系”与“细节”的关键障碍之所在。

但这个工作非常重要。首先，观念要改变，从“心”开始。

三、与未来的“金钥匙”面谈并录用

有了以上的准备，我们就要采取进一步的行动了——实现有效招聘。

所谓有效招聘，就是找到我们所需要的合适的员工。注意，不是“优秀”员工，而是“合适”的员工，只有在“合适”员工中，才可能产生出“优秀”员工。

我们就称他们为未来的“金钥匙”。

再要注意一点，这个招聘的工作，不仅仅是人力资源部的工作，而是所有管理人员共同的工作——这正是人力资源部与人事部内涵的最大差异。

当然，专业的准备，还是要由人力资源部负责完成的，如审核职位申请、发布招聘广告、组织面谈、建立档案等。但这一阶段，大家必须共同执行一个任务：面谈。

可惜的是，目前，大多数管理人员都没有掌握招聘面谈的技巧，甚至不认为这很关键，实际上，管理的成败，首先在招聘，而招聘的成败，则在面谈。

所以，千万马虎不得。以下，就来讲解这个过程。

1. 面谈的准备

要以系统思维，来准备面谈，其中，至少包括下列内容：

(1)安排地点、布置环境；

(2)确定参加人员资格；

(3)召集准备会议；

(4)约定现场管理办法，如时间进度把握等；

(5)安排程序。

2. 浏览、分析背景资料

目的是取得关于应征者教育和工作背景的资料，如，

(1)工作或教育履历/专业资格/技能；

(2)就读的学校；

(3)服务的年资；

(4)操作电脑软件的能力;

(5)实际的经验;

(6)处理主要客户的投诉;

(7)兴趣/期望;

(8)对工作和公司的期望。

3. 基本面谈

(1)解释面谈的目的,推动面谈进程。

(2)避免3种无效情况:

第一,避免含糊的叙述——那些没有具体说明的实际行动。比如,

我时常花时间了解客户的需求,这使他们称心满意。

我负责将建议书印好,然后发放给客户。

很少机会我未能明白设备的毛病。

当我们预料可能赶不及限期时,便全力投入工作,终于把工作完成。

我超时工作的情况跟一般人大致相同。

一般来说,我和医生的关系良好,但一些同事与他们相处却出现问题。

我大部分时间,都能够应付所需处理的工作。

我的加班时间超过平均水平。

虽然我很忙,但还会帮同事工作。

做了很多准备工作,以确保计划顺利开展。

这个方法效果很好。

第二,避免主观意见——过分强调个人的信念、判断或观点,比如,

我认为作为领导人才,最重要的是具备指导员工的能力,这一点正是领导人与普通人的差别。

在公司里我是其中一位校对文件最快最准确的员工。

如果你去询问我的同事,我相信他们说我是一名称职的领导者。

我想由于我的工作热忱,令我的下属也一样热衷工作。

我相信为顾客额外努力是值得的。

即使有时一些想法具争论性,我认为每个人都有责任建议新的方法。

我认为,我的想法对两个小组合作有很大的影响。

我肯定我在这个项目所做的工作,比我的本分为多。

第三,避免理论性或不切实际的叙述——打算,但尚未办到的事情,比如,

如果有一天……

我计划在下半年进修硕士课程。

如果由我决定,我会在设计规格获批准后才开始生产。

下次我面对客户的投诉时,我会懂得如何处理。

我会适当分配工作,给予员工支持,发挥团队精神。

那次的情况不仅教会我下一次说什么,也教会我不说什么。

如果我是经理,我会用不同的方法处理表现欠佳的员工。

当我了解到得到全体同意是多么困难后,我知道我需要在下次会议中采取另一种方法。

(3)把握基本技巧:

首先,面谈要引导应聘对象通过行为事例,来发掘相关信息。就某一事例——

你的职责是什么,你怎样处理?

你为什么会这么做?

你怎样知道所做的是有效的?

请描述事情发生的经过。

跟进,进一步搜集足够的完整行为事例,一般可以取得另一个行为事例,如——

能否再举一个你让客户满意的例子?

你可以举出另一次用这方法而解决问题的情况吗?

描述你某次没能很好地处理客户的投诉。

有没有相反的情况,是你的方法行不通的?

还要做笔记,注意:

让应征者知道你在做笔记;

只记下适当的资料;

记录面谈中观察到的行为;

对于敏感或负面的资料做笔记;

记下主要词汇(组织研讨会、拒绝加班);

使用速记方法;

自然停顿;

目光接触。

同时,注意与应征者建立良好关系,营造良好气氛,具体可以参考以下模式——

你在以前的面试中遇到过不考虑你个人感受的面谈者吗？他说了什么，或做了什么？你当时的感受如何？

这个过程中，要称赞应征者；回顾以往的经验、成就；应尽量减少负面资料的影响。同时，细心聆听，善意回应，要表示你听到和明白应征者的感受；在应征者表现情绪化时，可舒缓感受；对正面感受，作善意回应，营造良好气氛。

最后，要主动掌握面谈的方向和节奏——

调节应征者提供资料的步伐；

把讨论带往主题的范围；

避免误解资料；

有效地控制时间，可以确保完成面试的每一部分。

4. 引导型问题

注意，以下问题，同时适用于员工需求调查，操作办法参照后边章节；另外，凡涉及到主观性强的问题，如有“觉得”、“认为”、“假如”、“会”等字眼时，都应在后边加一句，“请举例说明”，或“告诉我一个你经历的故事”，以使之具有真实性。

程控表单 8.　　　　80 个引导型问题

(1) 做个自我介绍并谈谈你自己吧！
(2) 你有什么问题要问我吗？
(3) 评价一下你目前的工作状况。
(4) 你觉得自己最大的优缺点是什么。
(5) 在个人能力方面，你自认为还有哪些方面可以再发挥。
(6) 现在你在工作和生活上有什么样的困难？
(7) 你通常怎样安排工作时间？
(8) 你对你的工作有什么样的希望？
(9) 你的工作中最令你喜欢的部分是什么？
(10) 你期望的薪酬福利待遇是什么？
(11) 你工作时最在乎的是什么？
(12) 请介绍你的家庭、父母、亲人或朋友。
(13) 请谈谈在工作时最在乎的是什么。
(14) 你最近有跳槽的想法吗？
(15) 请介绍你心目中理想的公司是什么样的。
(16) 你觉得公司有很大的进步吗？
(17) 你有某一次特殊经历而影响现在的工作心态吗？
(18) 你最近参加了什么培训课程？
(19) 对于工作表现不尽理想时，你希望以什么样的方式来激励你？
(20) 你听说过同行业中比有我们更好的公司吗？

续表

(21) 你如何克服工作中的困难?
(22) 请评价你的工作效率。
(23) 你觉得什么样的人最难相处。
(24) 请叙述你一天的工作情形。
(25) 你爱好什么样的体育活动?
(26) 你在公司里有最好的朋友吗?
(27) 你最想获得什么样的培训?
(28) 你如何处理工作中的苦恼?
(29) 你与同事之间的相处有不愉快吗?
(30) 请描述目前经理们所具备的哪些选特质是值得你学习的。
(31) 你对于公司及公司的产品了解吗?
(32) 目前正困扰你的主要问题是什么?
(33) 你主要的工作经历有哪些?
(34) 你想在公司内部换一个工作吗?
(35) 对于“突如其来的变化”你如何应付?
(36) 请描述你目前的主管最令人不满意的地方。
(37) 别人给你提得最多的意见是什么?
(38) 你的工作通常能在规定的时间内完成吗?
(39) 你不会惧怕失败而对工作比较保守?
(40) 你觉得你可以为部门带来什么样的贡献。
(41) 你觉得自己能胜任更高的工作吗?
(42) 谈谈你最近解决的一个技术问题。
(43) 你觉得你的主管会给你什么样的评语。
(44) 你如何规划你最近3年的职业生涯?
(45) 你觉得工作要成功,首先要具备什么?
(46) 介绍一个你在工作中最有心得的经验。
(47) 你觉得时间很紧张还是很空闲?
(48) 通常对于别人的批评,你会有什么样的反应?
(49) 如果明知“这样做不对”,你还是会依上司的指示去做吗?
(50) 你有令自己骄傲的朋友和亲人吗?
(51) 什么样的管理风格是你所欣赏的?
(52) 你如何表达自己对公司或上司的不满?
(53) 你目前由何种方式获得新技能?
(54) 当你的合理要求被公司拒绝时,你会如何处理?
(55) 谈谈最近一次因为工作和上司(同事)的不愉快。
(56) 你的上司对你个人的成长帮助大吗?
(57) 你希望做一个高级管理人员吗?
(58) 当有人误会你时,你会怎么做?
(59) 可否描述一下你的工资开支状况?
(60) 如果我们的竞争对手高薪聘你作兼职,你会答应吗?

续表

（61）你觉得工作中的压力主要是什么。
（62）谈谈你觉得对于自己的表现很满意的一次经历。
（63）你的适应能力如何？
（64）你会非常坚持自己认为正确的意见吗？
（65）如果时光能倒流，你会选择一条什么样的人生道路？
（66）你认为“成功”的定义是什么。
（67）如何兼顾事业与家庭？
（68）你觉得公司里目前你最不能理解的事情是什么。
（69）你觉得以前所接受的各项培训足以令你胜任这份工作吗？
（70）如果你有机会重新选择，你会选择不一样的工作领域吗？
（71）你最担忧的事情是什么？
（72）你觉得自己还有哪些工作以外的特长？
（73）你比较喜欢团队合作的工作方式，还是独立作业？
（74）你钦佩的人是谁？
（75）你可以接受本职工作外的额外工作吗？
（76）如果你的上司大声指责你，你如何处理？
（77）你一般如何安排自己的业余时间？
（78）你在公司得到的成长和发展机会，你感觉满意吗？
（79）如果你接到客户的抱怨电话，但又不关你的事，你会如何处理？
（80）最近一年，你出去旅游过吗？

5. 模拟测验

就各项能力取得更多的行为资料。当然，这也是面谈的一部分，只是形式有所突破。这样做的目的，是要确定在面谈中“难以评核的能力”，确认一些我们希望知道的“重要的能力”，或补充关键的资料。在应征者缺乏工作经验，或是对转职的应征者，尤其要进行这项测验。

具体可以参考以下模式：

你怎样安排工作的先后次序？（潜台词：安排先后次序能力。）

你制定了什么目标？（潜台词：订立目标和计划能力。）

你怎样安排自己的时间？（潜台词：估计时间和编排活动进度能力。）

你的工作计划包括了什么资源？（潜台词：确定资源，善加运用和分配能力。）

你的工作计划忽略了什么？（潜台词：确定资源，善加运用和分配的能力。）

6. 结束面谈

审阅笔记；

根据需要,补充提问;

回答应征者关于职位和机构问题的提问;

礼貌地与应聘者分手。

7. 确定人选

面谈后,要召集小组会议,评估搜集到的资料,按各项能力评核应征者,确定人选。这里,应该注意以下几点:

(1)明确选拔程序、目标

把重点放在可以预测的重要信息上,而不必拘泥于个人感受。

评估候选人的各项才能,而应避免只关注某一能力而影响选拔决定。

确保采用相同及公平的方法,获取应征者的资料。

避免在一些无关的问题上纠缠。

(2)落实下列活动

确认完整的行为事例;

将行为事例分类;

分析行为事例的有效性;

衡量行为事例的重要性;

与申请职位的相关程度;

判断行为的影响程度。

(3)进行目标选才评分

5 分:远超乎职位要求;4 分:超乎职位要求;3 分:符合职位要求;2 分:未达到职位要求;1 分:远不及职位要求。

程控表单 9. **初试/复试/确定记录表**

姓　名		应聘职位					
评　分　项　目			分值分配				
			5	4	3	2	1
仪容仪表							
谈吐口才							
体格状况							
反应能力							

续表

姓　名		应聘职位					
评　分　项　目			分　值　分　配				
			5	4	3	2	1
领悟能力							
外语表达力							
对即将从事的工作的认识深度							
前来本公司工作的意志坚定程度							
EQ适应情况							
总分							
综合评定	优□　良□　中□　差□ 面试人：　时间：						
结论	录取□　不录取□　二次面试□ 面试人：　时间：						
复试项目			分值分配				
			5	4	3	2	1
专业技能							
服务/管理意识							
职业抱负							
其他							
复试总评	优□　良□　中□　差□ 面试人：　时间：						
复试结论	录取□　不录取□　上级面试□ 面试人：　时间：						
最终结论	录取□　不录取□ 面试人：　时间：						

(4)选拔决定

注意:同一事例,可说明两项能力;了解能力的相对重要性;一些能力是可以通过培训培养的;不同能力之间有关系;比较最后入选的应征者。

然后,做出个人评分,达成协议评分。

再后,评分结果转回人力资源部,进行后期工作。

最后，我还要非常强烈地跟大家明确一个观点：我们已经在通过创造良好的“第一印象”，在创造“金钥匙”弗雷德了。何以这样说？因为我们发现，不少“合适”的“金钥匙”弗雷德们，可能因为第一印象的“草率”、“简陋”、“无礼”、“不规范”，而在我们以为获得了他们的时候，失去了他们。所以，选拔员工不可以不慎重。

8. 最后求证

为了确保部分岗位管理人员的诚实，还要进行最后求证，即针对其证明人进行调查。

程控表单 10. **证明人核实电话记录表**

求职者姓名________________

申请的职位________________

公司名称、地址及电话________________

证明提供人的姓名/职务________________

____

1. 他/她受雇于你的起止日期是什么？________________
2. 他/她开始为你工作时的职位是什么？离开公司时呢？________________
3. 起、止薪水是多少？________________
4. 他/她主要的工作职责是什么？________________
5. 他/她得到了多少督导？________________
6. 他/她的出勤和迟到记录怎么样？________________
7. 这个人离职的原因是什么？________________
8. 他/她的工作令你满意吗？________________
9. 哪些方面的工作技能出色？哪些方面的工作技能薄弱？________________
10. 这个人与他人相处融洽吗？________________
11. 你愿意再次雇佣这个人吗？为什么或者为什么不？________________

________________ ________________

日期 姓名

课后思考与练习

1. 对照本讲的“榜样”，组织团队会议，检讨一下本团队的优势和不足，并提交一个调整方案报告。

2. 亲自参加一次员工恳谈，提交一份恳谈报告，并结合本讲内容，谈一谈如何进行恳谈。

第四讲 迎接并培养未来的“金钥匙”

导 言

这一讲里,我们将转向迎接并关心新员工,未来的“品牌服务人”——“金钥匙”。

关心就是管理,就是进一步建设“金钥匙”成长的环境。

从管理到关心,是一个质的飞跃。因为任何一种以控制为核心手段的管理,都将是短命的,唯有关心永存。前边,我们在很多场合主要使用了“管理”一词,但现在开始共用“管理”和“关心”两个词。总之,人力资源开发,是每一个专业服务经理人的中心工作,无论在哪个岗位上都如此。

一、迎接新员工的报到

新员工,是指刚刚进入公司,接受培训、考察、考核,尚未签署正式劳动合同期间的员工。

很多管理人员认为,新员工培训是从他办好手续,拿到制服、更衣箱钥匙、铭牌、餐卡并交缴了必要的押金,进入培训教室之后,才开始的。其实,这是很大的错误。培训早已经从招聘面谈时就开始了,第一印象,就是在这时创造的。这个问题,已经在上边讲过了,请大家回头重温一下。因为不少合适的“金钥匙”们,就是因为第一印象的“草率”、“简陋”、“无礼”、“不规范”,而在我们以为获得了他们的同时,失去了他们。

要将每个新员工都看作未来的"金钥匙",他们都有可能经过培训、修炼,最终成为合格的"服务人"、"品牌服务人"和"金钥匙"。当然,他们也有可能只成为普通的服务人员。其中,人力资源部人员的态度很关键,不可不慎重。

在心理学上有个原理叫"皮格马利翁效应",它是教育心理学中的一个实验,在教育心理学中也叫教师期望效应,是位叫皮格马利翁的心理学家做的。实验是:这位心理学家去一所学校,到一个班上给学生佯装做测试,然后随机地指出几个学生对老师学生说:"这几个学生是非常有才能的,将来会有出息。"事后不久,心理学家再次来到学校,发现当初随机指出来的几个学生的各个方面的成绩都有很大的提高。这说明教师、其他同学对他们的态度会给他们信任和自信,这会让其更加努力,获得成绩。现在,"皮格马利翁效应"在管理界应用得非常广泛。

新员工可能不认识公司里的任何人,包括环境,所以,只有有过"一面之缘"的人力资源部人员,是他们的依靠。这要求人力资源部人员对新员工做到以下几点:

(1)微笑并热情招呼;
(2)进办公室后请坐;
(3)认真、规范地办理相关手续;
(4)提交一份经过认真准备的"入职培训行程单",并一一详加说明。

二、新员工入职培训

1. 新员工入职培训行程单

程控表单11. **入职行程通知/记录单**

第一阶段:欢迎你加入我们的大家庭!							
员工姓名		报到日期		报到地点		试用期	
第二阶段:通过下列入职培训,助你了解公司、工作和我们的事业!							
培训时间				培训地点			
培训课程						培训人	
						培训人	
						培训人	
						培训人	

续表

培训考核				考核成绩		考核人	
				考核成绩		考核人	
				考核成绩		考核人	
				考核成绩		考核人	
第三阶段：根据安排，拜访公司各部经理；他们将热情带你跨进大门，融入大家庭！							
经理姓名	所属部门	接待地点	接待日期、时间安排		接待人签字/时间		备注
第四阶段：岗位培训与见习，真正认识自己、同事和岗位，适应新生活！							
培训时间		培训地点		见习时间		见习地点	
培训见习主要课程						指导人	
						指导人	
						指导人	
						指导人	
培训考核				考核成绩		考核人	
				考核成绩		考核人	
见习评估				见习成绩		评估人	
				见习成绩		评估人	
第五阶段：与你恳谈，祝贺你完成见习，通过考核；欢迎你正式上岗！							
恳谈主管		恳谈地点			恳谈时间		
恳谈记录					签字：		
恳谈经理		恳谈地点			恳谈时间		
恳谈记事					签字：		
发证仪式举办地点			主持人		仪式时间		
发证人			参加人数		拍照人		

续表

第六阶段:阅档、存档。			
部门经理阅档意见		日期:	
人力资源部经理阅档意见		日期:	
总经理阅档意见		日期:	

注意事项:(1)本表由人力资源部在与各部门经理协调、准备的基础上填制,交付当事人,并负责通知相关参与人员。(2)所有参与人员必须认真、热情、全面地履行本职责,按要求填制所有内容。(3)此间有任何问题,请随时与人力资源主管:　　　(电话:　　　　)联系。(4)本表将归入员工档案备查。(5)细节考评另行规定(如下表)。

2. 入职培训与考核

程控表单 12.　　　　入职培训一览表样本

(酒店简介)

——致欢迎词

——简要介绍酒店的历史、运行(菜单种类、服务、上班时间等)和目标(务必强调优质服务的重要性)

——展示公司结构或组织

——酒店的政策和工作步骤

——着装要求,制服供应

——停车地点

——签到和签离的方式和时间

——分派更衣橱,讲解使用方法

——适当重复病假时间、节假日时间、私人时间和休假时间的情况

——重复公司给予的津贴

——如果不能来上班,怎样请假

——重复薪水标准,发薪日期和地点,谁负责发薪,如有必要,解释加班政策和小费申报政策

——私人用电话的规章

——吸烟制度

——用餐制度,包括时间、地点

——重复奖励要则

——与顾客关系的政策

——重复协作配合的方针

——员工免职政策

——必要时,解释酒类服务的责任

——同等就业机会政策

——升职、调职机会

——经营专业化的方针
——食品经营安全,厨房安全,火情处理的要则
——离开工作岗位必须报告的制度
(新工作)
——重复工作细则介绍,工作要求标准
——重复每日工作表(包括休息时间)
——重复工作时间和休息日。指明工作表张贴的位置
——员工评定方法和时间
——试用期规定
——培训方案(包括时间长短)
——解释发展机会
——带领新员工参观了解酒店运营情况,介绍其他经理和同事

程控表单13.　　新员工培训成绩考评表

姓　名		部　门		编　号	

考　评　内　容	第一次得分	第二次得分	第三次得分	备注
1. 关于工作流程				
是否了解了工作流程				
是否了解了岗位上下关系及其重要性				
是否了解了岗位横向联系及其合作关系				
是否了解了同事间和睦共处的重要性				
是否认识到做一件工作必须有始有终				
2. 关于指示的重要性				
是否了解了上级指示的重要性				
是否将上级的指示记录备忘				
指示若有不明之处,能否确认到懂为止				
是否复述指示,加以确认				
是否按指示办事				
3. 关于工作步骤与准备				
是否了解只有准备得当,工作才会顺利				
是否了解工作步骤及其重要性				
是否了解工作步骤的组织方式				
是否了解工作的准备方式				
能否按流程步骤、准备程序完成工作				

续表

4. 关于报告、联络、协商				
是否了解报告、联络、协商是工作的重点				
报告时,是否先讲结论				
联络时,是否适时、简要				
是否了解协商可以使工作顺利,提高效率				
即使可能挨骂,也保证如实向上级报告、联络、协商				
5. 关于工作的基本认识				
是否完全掌握了机械、工具的使用方法				
是否理解公司的大部分工作都需要团队合作完成				
是否了解会议、洽商的重要性				
是否对会议或洽商有一个积极的态度				
能否了解并把握如期完成工作的重要性				

6. 特别缺点提要			
问题点	负面程度	问题点	负面程度
经验	1 2 3 4 5	包容能力	1 2 3 4 5
执行能力	1 2 3 4 5	忠诚心	1 2 3 4 5
达到目标能力	1 2 3 4 5	保密能力	1 2 3 4 5
记事能力	1 2 3 4 5	交涉能力	1 2 3 4 5
分析能力	1 2 3 4 5	决断能力	1 2 3 4 5
观察能力	1 2 3 4 5	忍耐能力	1 2 3 4 5
说服能力	1 2 3 4 5	缺席迟到	1 2 3 4 5
指导能力	1 2 3 4 5	错误不断	1 2 3 4 5
判断能力	1 2 3 4 5	效率低	1 2 3 4 5
临阵脱逃	1 2 3 4 5	脾气暴躁	1 2 3 4 5
容易攻击别人	1 2 3 4 5	喜欢喝酒	1 2 3 4 5
宾客评语不好	1 2 3 4 5	有金钱瓜葛	1 2 3 4 5
有花边新闻	1 2 3 4 5	因家庭问题而烦恼	1 2 3 4 5
健康状况不佳	1 2 3 4 5	心理问题	1 2 3 4 5
总评(一)			
	评估人:	评估时间:	

续表

总评（二）	
评估人：	评估时间：
总评（三）	
评估人：	评估时间：

3. 推动员工成长的基本规则

这项工作，需要坚强的领导和强力的推动，任何疏忽都可能使之流于形式。因此，服务管理者必须明确以下规则，并全面履行。

（1）关心员工，是各级管理人员的头等大事，必须认真安排时间、精力，投入其中；任何有悖于此的做法，都是违反管理人员基本规则的。

（2）必须为每一见习期员工指定师傅，发生的任何过失，均应由该师傅承担2/3责任，接受处罚；同时，也应在见习期满后，获得相应的奖励。

（3）总经理必须参与每一位新员工的成长路径。

课后思考与练习

1. 完整地实践“新员工入职培训行程单”，并根据实践进程，向上级经理提交“难度报告与推进建议”，推动本项工作完成。

2. 结合本部门或岗位实际，列出一份“新员工培训大纲”，并分配讲师，落实课程，组织实施，然后，提交一份培训效果报告。

第五讲 服务经理人的日课

导 言

专业的服务经理人的道路是由高度的信心、爱心、耐心构成的,缺一不可。没有信心,就会失去心中的服务之根——“给人方便,给人自信,给人欢喜”,并失去方向;没有爱心,就培养不出信心;同样,没有耐心,必定一事无成,不仅难有爱心,连信心也会很快丧失。

一、日常的管理沟通

1. 从激励的心态出发去做一切事

有效领导力的核心,是真诚关心他人——给人自信、给人方便、给人欢喜。

古人说,“女为悦己者容”;又说,人类的所有仁慈、善良、美丽和尽善尽美,只属于那些“懂得欣赏他”的人。在其他事情上,也完全一样——我们都会为我们所喜欢的人而更加努力、高效地工作。我们喜欢他们的程度,与他们让我们感受到的程度成正比。

那么,怎样能让被欣赏或喜欢的人感觉到?

这就是日常沟通的主题所在。这里,我们要把握以下基本规则:

(1)设定明确的标准。

标准,就是工作结果的指标约定,既包括目标,也内涵着价值观、规则,它们所反应的,其实,就是管理当局的期望。

这里，“目标”与“价值观”或“规则”，是不同的，前者是长期的，后者则隐含着短期指向。所以说，价值观与规则是目标的基础，它们共同界定目标的范围，而这个成果，就是标准。反过来说，标准，能使价值观更加清晰，而这个清晰度，会在相当大的程度上影响员工对团队的承诺、忠诚水平。因此，标准本身就是一种力量。

如果我们找不到足球门，那么，就是再多的贝克汉姆都没有用；而如果没有规则，人人能成为贝克汉姆，世界就乱了。事实上，被强迫做事还不是最坏的，最坏的情况是一个人做某一件事的动机，仅仅是因为没有其他事情可做。

还有，人们大多愿意自己设定目标，并认为自己、自己做的事最好。这就要我们加以引导了，要将团队目标和个人目标有机地结合起来，从而，使大家都能发挥最大的作用，而实现这个目标的最基本手法，就是明确标准。

(2)不断给人更高的期望。

我们知道，每个人的生活，都会朝着自己的长项方向发展，公司发展也一样。那么，这个长项是如何发现的呢?

首先，通过自我激励式的比较来发现；其次，在很大程度上，受他人评价的影响。比如，我们自己可能都体验过这样一个规律：你预言什么事情可能发生(有所期望)时，这个期望就会改变你的行为，而改变的行为，正好会促成那个事情的发生。

但作为管理者，我们在这方面的作为，常常不到位。具体表现有二，其一，是管理人员对下属的过失特别看重，甚至只经过一件事就认定其不行，尤其是当管理人员不能每日接触这个员工时，成见就更严重。一般表现为监督和控制行为开始增加。于是，员工认为上级对自己失去了信心，并最终由于这种过低的期望，而使他兴味索然地停止了独立决策与主动行为。其二，管理人员根本没有从心里重视员工——认为服务工作不需要多少动机、技能、经验，进而，仅仅吝啬地赋予他们最小的责任，并终于埋没了他们的潜能。

由是观之，给人更高的期望，就是实践我们“给人自信，给人方便，给人欢喜”的宗旨，因为积极的期望，产生积极的结果。当然，要实现这个目标，一个重要前提，应是信任他人，让人有自尊。自尊对所有人来说，都是一种“收益”。

这样的例子，建议大家读一读鲁迅先生的散文《风筝》，分析得很深刻。

(3)个性认可同样重要。

有时候，公事可能也是私事。这就是要求你在认可“团队”的同时，也认可“每一个人都是独特的”这一原则。然后，不仅要去了解员工需要什么类型的认可方式,更要深入地了解到他们的“喜好”和“兴趣”——通过许多细微的、不经意的行为,了解员工,并给予对应的认可,常常事半功倍。

2. 培养“系统观照力”

制作一个报告格式,或形成一个报告制度,非常容易,但如果单一地就事论事,而没有一个系统的观照能力,则我们将面对两个“不可能完成的任务”:一是坚持始终,二是落实贯彻效果。

坚持始终,是“时间量表”。它要求每一个人,在每一个时刻,都能将自己的行动,纳入规范的轨道,能随时随地发现问题,修正轨道,保持合适的方向,并通报这个情况,引起共鸣,将大家的步调调整到一致的水平。

贯彻落实,是“空间量表”。它要求任何一个通报,都必须逐级落实贯彻到团队的每一个人,在规定的范围内,尽量广泛地保障所有管理人员都获得“同样”、“精确”的信息,从而形成“大致一致”的结论,进而形成“共同决策”。

作为管理人员,必须具有强烈的“系统意识”——不能只看有利或不利自己的一点,那是眼皮下的工夫;也不能只为小部门的事不能自拔,那不过是脚下的工夫;更不能只通过一件事,就以偏盖全地肯定,或否定其余,那仍然没有脱离个人狭隘的小圈子。

我们应该站到管理团队成员的高度,去看待每一件事,就是要顾全大局,并在此意念的基础上,表现出职业的、规范的、接纳的、宽容的、友好的态度。

态度决定一切。为此,我们才会制作,或规划出各种各样的“道具”,如报告、会议、恳谈,及其相关制度等,来辅佐我们进步。

3. 推进沟通反馈

在系统观照力的平台上,我们来推进沟通反馈习惯的培养,将事半功倍。公司整体如此,班组团队、个人也一样。

沟通系统,是由“发出信息”→“接收信息”→“反馈信息”三个部分组成的封闭循环体构成的,其中,“反馈信息”,是沟通完成的一个标志性环节,所以,最为重要。而且,这个系统存在于一切事务之中,而不单单是语言报告。这个系统一旦成立,“自觉自动”的风格就形成了,否则,管理问题就严重了。这个系统的本质,就在于人的“自觉自动”。

但我们偏偏在这一点上做不到位,所以,常常被动。这对团队而言,尤其有害,因此要重点强调,同时,明确规则如下:

(1)严格遵守规则。

比如参加会议，一般规矩是不允许打手机（发出信息），你知道这一点（接收信息），那么，你就应该在进入会场的同时，先行关机或转铃声为静音或振动（反馈信息）。这个系统成立了，就是自觉自动了，否则，就缺乏了自觉自动，就需要主持人强调，甚至威胁处罚，问题就严重了。

（2）自觉主动。

凡事主动，就有了成功的基础。比如在航班上，中国空姐的空中服务却总是比日本、韩国的服务差一些，差在哪里？在于主动性。原来，日韩空姐一等飞机起飞，就开始端着放有一小杯一小杯茶水的托盘，来到客人中间，一一问候，并奉送茶水（发出信息），客人接受茶水（接受信息），并报以微笑（反馈信息）。我们的空姐则往往只按规定，推车送一次水或饮料、餐品，就偃旗息鼓了。缺少了什么？就是规定之外的那份主动服务（发出信息），客人当然也不会贸然要水喝（强求信息），自然也就没有了那份愉快和称赞（反馈信息）。显然，要想获得“反馈”，我们的主动性，不能缺少。

（3）不要只看上级的面子。

一个很坏的做法，是看上级的面子。上级要求了，才做；如果是同级同事，就慢了一拍，甚至可能根本不以为然；若是下属，就可能更不当一回事了。

这样做的结果，将破坏沟通的系统性。不成系统的东西，很难成大气候。所以，要养成对任何人任何事的反馈习惯。这也是尊重人，是作为服务管理者必备的基本态度之一。

（4）成功反馈的要点是及时。

及时了，就主动了，因为你赢得了时间，赢得了调整步调与方向的可能性，也赢得了自由。反之，就等于没有反馈，或更加坏。

还有一点，就是养成“中间报告”的习惯。一些跨度长、重要的事情，不要等事情办完了，或十全十美了，再反馈，那会失去很多机会，也是一种不及时的表现。要坚决克服。

程控表单 14.　　　以沟通反馈为基础的决策模式

步　骤	主　题	方　法/要　求
第一步	明确问题所在	（1）阐明问题的定义，要具体。
		（2）弄清目标。
		（3）考虑规定、方针、要求、限制等因素。

续表

步 骤	主 题	方 法/要 求
第二步	分析问题	(4)收集相关信息:谁、什么、何时、怎样、为什么、多少等等。
		(5)分析怎样产生关系。
第三步	探索解决方案	(6)召集有关人员集思广益,列出一二三。
		(7)评价各个方法的利弊。
		(8)为各个方法评出优劣等级。
第四步	选择最佳方案	(9)分析方案的风险与收益、费用与结果(经济性)、是否具备所需条件(可行性)、员工能否接受(可接受性),确定哪个方案最接近目的(目的性)。
		(10)权衡、比较、决定。
第五步	付诸实施	(11)发布通知。
		(12)完善条件,确保决策能够贯彻。
		(13)不折不扣地执行。
第六步	后续评估	(14)进展是否顺利?顺利,迅速表扬;不顺利,则应给予辅导和支持;或者及早改弦更张。
		(15)评价自己决策的正误,为一个项目画上休止符。

程控表单 15　　建立沟通反馈氛围的 37 种方法

1. 写一份有效的远景构想,因为人无远虑,必有近忧。
2. 订立出做事的指导原则,只有心中有数,遇事才有宗旨。
3. 不断就事论事地把远景构想与指导原则落实为制度,哪怕日积一滴,久必成溪。
4. 每天都友好地跟员工打招呼,并努力去了解他们。
5. 积极倾听员工说话,而应感受、体会他们的心声,不做简单反应或敷衍。
6. 在适当的时候,亲自给员工以诚心的帮助,而非做个样子。
7. 不要经常在员工身边转悠。
8. 对待员工,应一视同仁,即使无法做到绝对公平,也应力保最大限度的公正。
9. 不要对一名员工谈论另一名员工的工作表现。
10. 向员工通报情况,而不能以为员工知道与否无所谓,让他们看到自己的工作成果。
11. 让员工参与管理,尽可能多地让员工做他们自己的决定。
12. 如果有条件的话,为员工提供一些咨询服务或保健活动。
13. 定期或不定期修订、使用最新、最准确的工作细则。
14. 用心指导新员工。
15. 培养员工做好本职工作的良好习惯。
16. 注意对员工进行个别辅导。
17. 每年至少对员工进行一次正式的评估。
18. 制定纠正错误的指导原则,并确保传达给员工。

续表

19. 用两步走的过程来处理不利于生产的行为，而不必追求一步到位。
20. 积极预防不利行为的产生，从消灭苗头入手。
21. 遵循员工奖励的指导原则，不吝赞赏、奖励你的员工。
22. 好的表现应该得到即时的回报。
23. 制定员工利润分成或所得分成的计划，或类似的政策。
24. 交叉培训员工，并轮换他们的岗位。
25. 通过授权，给员工安排特殊任务，培养他们。
26. 建立事业阶梯机制，使员工得以内部晋升。
27. 坦诚，是我们每一个人的本分。
28. 努力胜任你所督导的工作。
29. 管理好你的时间。
30. 为员工提供个人和事业发展的机会。
31. 让员工能够看到你。
33. 做良好角色的榜样。
34. 工薪体系、福利待遇应有市场竞争力，且体现公平原则。
35. 提供合理的工作时间安排。
36. 提供一个舒适、安全、整洁的工作环境。
37. 享受你的工作。

4. 会议与纪要

管理人员要参加或组织会议，这是管理人员不可或缺的基本功。

通过会议做什么？做一个沟通的平台，会上要实现的目标也是建设平台。这个基本理念要特别明确。

明确了这个定位，情况就明了了，办法也自然有了。会议很重要，还因为在服务行业，我们常常面对两个困扰，一个是时间的分隔性，员工班次不同，很难在同一时间里获得沟通的机会；另一个是空间的间隔性，不同岗位之间的员工不能串岗，也少有沟通的机会。所以，一定要建设这样的平台。

建设沟通平台，一定要某种形式、规范、约束，这也是对会议与报告的基本要求。而其核心仍然是上边讲过的沟通系统，即由“发出信息”→“接收信息”→“反馈信息”三个部分组成的那个封闭循环体。以下，试分别就四个主要会议形式来讲解。

(1) 员工班前例会与报告

通常由现场主管、领班或现场经理主持，是服务团队的最基层的会议之一。就是在每日开工之前，召集班组所有服务人员在工作现场，就前一天的工作状况，如好的表现或差的表现，进行简要评估；此间，至少应讲一个案例；同时，对当天的业务提出要求，如上级要求、推销要点、注意事项等；再后，轮流由一位员工做培训示范，如“每日一句外语”、“一种酒的知识”、“一个产品常识”或其他；最后，检查仪表仪容，各就各位。

这里，重点是“接收信息”→“发出信息”两个环节，当然，也不能忽略“反馈信息”。

会议过程中，要有明确的规则，如不能迟到、早退，有一个规范的姿势、列队，并对违规人员提出批评，对好的表现给予称赞。

称赞很重要，不能吝啬。

班前例会一般不作纪要或记录。但各岗位均应设置“工作日记簿”，由每班现场管理人员于每天下班之前，就当天的工作状况，特别是客人投诉或对意见、应解决而没解决的问题、员工建议等，加以记录；下班管理人员上岗前，应首先浏览“工作日记簿”的前一天记录；部门经理应每日至少一次批阅“工作日记簿”，并处理相关问题。

该“工作日记簿”是现场管理人员交接班的工具，是下一个班前会的重要信息来源，也是部门经理参加“经理工作例会”发言的信息来源之一。

(2)经理工作例会

是与“员工班前例会”相似的较高级别的每日例会。

一般由总经理主持，部门经理参加。会议程序很简单，首先，由各经理通报前一天工作中发生的质量问题、投诉、管理问题等，及其处理结果，特别要就上一天例会布置的工作进展情况做通报；然后，提出新问题与新建议；再后，是高层管理人员与总经理评估前一天的工作，对建议做出回复；最后，布置新工作。

每一次会议，都至少要关注“反馈信息”→“发出信息”两个环节。当然，也不能忽略“接收信息”。会议后发布“会议纪要”非常重要，既是记录(反馈信息)，又是指示(发布信息)，还是未来进行经理绩效评估的重要依据，应认真关注。附例如下：

每日经理晨会纪要(示例)

程控表单16.　　　　国展例(2004)041号

主持人：王总	与会者：王总、姚副总、刘总监、各部门经理
地点：行政会议室	时间：2004年03月12日上午9:00

一、情况通报

部门	通报事项
餐饮部	《美色当前》出现部分倒页情况。
前厅部	2006 房客人已经履约付款;客人投诉的士车绕道,已向运管处反映。
客房部	昨日止,门锁更换了 47 间房。
市场部	云海礼券已送出 80%;4 月份联想大型会议因会展中心方面原因取消。
人力部	本周两个培训:13 日“电话行销”,21 人参加;14 日“管理者的创新与超越性思维”,部门经理以上人员参加,通知及讲义今日发至部门。
云海	与员工餐厅承包方达成协议;广告攻势初见成效;周末两天对餐厅一包厢进行改造;继续员工训练。

二、建议与回复

部门	建议	回复
前厅部	向海风卡会员投寄《美色当前》。	前厅商务岗、GRO 落实。
	市场部根据 GRO 名片与客人定期沟通。	市场部落实。
市场部	云海通报房间预订情况应及时。	梁副总落实。
	前厅部接收云海会议客人预订时,注意指示路线。	前厅部落实。
	8 月份,日航宣传手册发布广告。	公关部落实。

三、问题与解决方案

部门	问题	解决方案	责任人
前厅部	客人反映的士车绕道。	对客提示;对司机引导。	
客房部	天心阁租麻将价格与客房冲突。	统一价格。	
市场部	马拉松欢迎晚宴地点需改动。	联系会展中心。	
云海	游泳池水泵坏。	下周内维修,并大检查。	

四、布置新任务

新任务	完成日期	责任人
提交“酒店内训师”、“部门内训师”名单及个人所担当课题;以《服务人教程》为教材;二级部及其以上经理均参与;报人力资源部。	3 月 16 日	各部经理
人力资源部安排审评小组评审。	待定	

国际会展酒店

二〇〇四年三月十二日

发:诸总、总监、各部门经理、云海行政部、张贴员工公告栏　　存档(2)共(18)

(3)部门工作例会

主要由部门经理主持,通常以周为单位进行,参加人员为基层管理人员。程序与记录,大致如上。这里,还要增加一个重要内容,就是“讲故事”,以案例为主,作为例会的常规内容,以取得自我培训效果,非常重要。

例会记录须上报总经理与分管上级;案例分析报告提交给公司案例委员会。

(4)月度工作点评会议

是相对部门工作例会,在时间(一周到一月)和级别上(现场经理以上级别)的拉长与提升。

通常是在充分消化一个月的部门工作例会简报、相关决议履行情况、专项报告(如人力资源状况、应收账款、服务质量检查、安全、卫生、采购、工程等)基础上,由分管责任人进行点评,总经理进行总评,并重点布置下月工作;两个或以上部门经理讲解当月部门经典案例,或讲读一个与工作相关的故事。

“例会纪要”附例如后:

三月份工作总结会议纪要(示例)

程控表单 17. 国展月(2004)002 号

主题:国际会展酒店三月份工作总结
主持人:王总经理
与会者:王总经理、姚副总经理、梁副总经理、酒店二级部以上经理人员及厨师长、云海度假村经理
时间:2004 年 04 月 01 日上午 9:30
地点:员工培训教室

■财务部经理说明经营状况
(1)成本控制:(略)
(2)费用控制:(略)
(3)资产管理:(略)
(4)应收账款:(略)
总经理点评:(略)

■人力资源部经理说明人力资源情况
(1)内部调整(调进、调出):(略)
(2)外部调整:(略)
(3)本月流动率:(略)
(4)四月份预计离职及原因:(略)

续表

(5)工资:(略)
(6)培训:(略)
(7)红黑点:(略)
(8)管理执行力:(略)
(9)人力资源政策:(略)
总经理点评:(略)

■安保部经理说明安全保障情况
(1)非安因素:(略)
(2)治安:(略)
(3)消防:(略)
(4)安全培训:(略)
(5)问题:(略)
总经理点评:(略)

■餐饮总监说明餐饮及酒店卫生状况
(1)餐饮:(略)
(2)绿化:(略)
(3)卫生:(略)
总经理点评:(略)

■副总经理说明服务质量及市场拓展情况
(1)市场拓展:(略)
(2)服务质量:(略)
(3)4月经营重点:(略)
总经理点评:(略)

■总经理:月度工作综述(略)
■ 本月案例分析员:(略)
■ 下月案例分析员:(略)

抄报:旅游集团
抄送:本店王总、姚副总、梁副总、各部门经理、云海度假村行政部
存档(2)　　共印17份

5. 跨部门会议

程控表单18　　　　跨部门会议申请/通知单

会议议题				
申请/召集部门		申请/主持人		
会议时间	年 月 日 时 分—— 时 分			
邀请参加人员	部门		责任人	
	部门		责任人	
	部门		责任人	
	部门		责任人	
会议记录人	1.	2.	会议地点	
上级授权意见： 授权人：				
会议通知送达人		送达时间	月 日	
参加人员签收确认	部门		责任人	
	部门		责任人	
	部门		责任人	
	部门		责任人	
备注：				

6. 讲故事(案例)

我们的工作,就是在创造一个又一个的故事。讲故事,应该成为我们的一个管理方式。

一位作家说过,在这个新商业时代,每一个管理者的职责都是理解快速变化的环境,讲故事成了最基本的领导工具。

我们非常强调数字说话,并且认为"数字才是硬道理"。数字如此普遍,以至于我们开始把它们当成事实来接受。但数字是事实的抽象,故事才是真实。

讲故事,是我们从一个人向另一个人,从一个文化向另一个文化传递经验、教训的最基本方式,是人类的最基本的沟通形式。它的力量比任何论据和数字都更加强大,因为在人们的内心世界里,对于故事的信任度,要远远高于数字。

科学实验也已经证明,如果将历史课本转换成讲故事风格,那么,学生们能够回忆起来的信息量,要比阅读一本典型课本,高出三倍以上。

同时,在紧急情境中,我们平时训练的"初步选择"→"深思熟虑"→"决策"的模型荡然无存,而是常常采取非线性方法,如直觉、心理模拟、隐喻、类推、故事等一些感性的手法。显然,只有故事能对应这个结果。生动的故事,能够触动我们的内心世界,并吸引所有员工。

我们发现,世界上那些优秀的领导者们,都有一个根本的特点,或者说是一种鲜明的能力,就是讲故事,将所有要素都组合进故事里,以引导自己的团队走向未来。

那么,如何讲好故事呢? 这里提示 8 个要点:

(1)确定行动者

要具体指出一个或多个参与者的姓名,而不能只说"财务部的人"或"客人"。以此,训练我们的细致入微、一丝不苟的工作作风。

(2)陈述困境,即提出问题,或提示危机的标准

比如,如果不能如何,就将产生怎样的后果等。这里要注意的,是向人们提醒价值观和原则,要随时随地做这个宣传。

(3)澄清目的性

叙述故事里的人物的心理活动,如想什么。为此,你一定要去采访或了解他。这个要素是故事的灵魂,你不关注,就不可能讲出一个好故事。

(4)描述行动过程

尽可能叙述细节,特别是这个人做了什么,以及怎样做的,必要的时候,你可以手舞足蹈地模仿。之所以要这样做,是因为你是在培训别人,为的是让别人在遇到类似问题时,就能回忆起你"当时是怎样做的"。

(5)讲清道具

道具在电影里的作用非常大,在故事里也一样。要把它们放在故事里,并

尽量使它们鲜活起来。其目的是增加故事的丰富性。

(6)有一个结局

不要暂停,而要掀起高潮。这一节的目的,是为了让大家知道最后发生了什么,以及这件事为什么重要。

(7)描述要逼真

尽量讲得生动,时间、地点、周边环境都要关注到。必要时,还可以将大家带到现场,以求身临其境的功效。

(8)设置一个惊奇

每一个极好的故事,都包含着某种惊奇。尽量挖掘出这个惊奇的因素。它不仅会增加故事的趣味,令人难忘,更会制造乐趣,带来欢笑。

这些故事,可以在会议上讲,可以在电子邮件中流通,可以在公司的报刊里设专栏讲,可以通过举办专题的故事会来广而告之,可以成为反复使用的经典案例。

7. 年终总结会

年终总结会议常常被冠以"回顾过去(一年),展望未来(一年)"的沉重的帽子,总经理会整理出一份长长的"工作总结"和"工作安排",并且不惜花上一两个小时去念给可能根本没有兴趣听的全体员工和经理们。

其实没有意义。所以,年终总结会应该成为全体员工的一个节日。具体有以下几点:

首先,入场的员工每人制作或选用一个小礼品,加上新年的问候语,放入会场外的收集箱里;会议结束后,每人领取一个。

还有,年终奖金以现金发放最有效;最好在现场发放。

另外,如果能够有节目穿插其中,或者以节目为主线索,其他活动穿插其中,将更加深入人心。

最后,总经理稿子不要超过30分钟,最好能充满趣味性。

这里,要延伸讲一下,就是"不断地庆祝",或"创造庆祝的机会"。庆祝,给企业的文化和员工的日常工作注入激情和热情,它们使人们的精神振作起来。

庆祝,无论是认可某一个人的成就,还是对许多人的成就喝彩,都是领导者建立企业健康群体的机会,是构筑和实现企业员工价值观、自尊、归属感、共享胜利感觉的重要手段。可以形象地说，庆祝、仪式、典礼等，就是我们企业文化建设历程中的一个个“里程碑”，或如文章的标点符号，没有这些，就没有企业文化的建设和实施。

8. 建立员工档案

完整的员工档案，是我们进行员工管理的最基本的工具之一，而对其内容的不断充实，也正是考验我们有没有进行管理的重要标志。

程控表单19　　员工档案（范本）

（1）封面（示意）

公司名称 （徽标）	
员工姓名：	公司编号：
入职日期：	当前部门：
当前职位：	

（2）扉页（示意）

基本信息：				
员工姓名		性别		身份证号
出生年月		银行账户		更衣柜号
家庭状况：				
婚姻状况	单身□	已婚□	丧偶□ 离异□	结婚年月
配偶姓名				
配偶身份证号		联系电话		联系传真
联系地址		邮政编码		电子邮箱
子女姓名		性别		年龄
家庭住址变更情况：				
1.				电话：
2.				电话：
职位与工薪变化情况：				
日期	部门	职位	工薪	备注
日期	部门	职位	工薪	备注

（3）活页一至二页间放“薪资变化情况”资料。

(4)活页二至三页间放“联系信息变化情况”资料。

(5)活页三至四页间放“休假情况”资料。

(6)活页四至五页间放各类“培训经历”资料。

(7)活页五至六页间放各类“证书”资料。

(8)活页六至七页间放各类“个人资料”。

(9)活页七至八页间放各类照片,包括入职时提交的 8 张 2 寸标准照。

(10)封底内页

奖惩与特别培训记录					
日期	奖励	日期	处罚	日期	特别培训
问诊与治疗记录			心理咨询		
日期	医院	费用总额	日期	医院	费用总额
工伤情况					
日期	状况			病假	备注
其他事项					

封面封底作为一个整页,应用硬纸制作;里边的活页内容,可根据企业具体情况增加,但原则上不能减少;活页部分与封底之间,可用活动钉纸夹固定到一起,既保障资料不散失,又方便随时拆装;所有档案应放置在专门的档案室,以供检阅;部分内容可以纳入网上办公体系。

二、走动关心的“40 条规则”

在这一节里,我将专门讲解“走动关心”的一些规则。这里再度强调,因为领导者的天职,就是四处走动并对下属给予关心,而且,走动的范围随权力变化而变化。

注意,“走动关心”,意味着真心感兴趣,而不是去“走动检查”。无论你在什么时间、地点走动,都必须真心地关心,注意,并积极地寻找正面的例子。这就需要做到如下 3 点:

第一,管理者角色,不应是管别人的“交通警察”,那样做不可能带来良好的效益。为什么？因为一旦你只注意问题，那么，就会由于你的"眼镜"而发生3种情况：首先，你将看到与实际情况完全不同的景象，因为下属会发现并投你所好，作假事，说假话，并期待从中获得好处；其次，生产力、生产量被你降低；再次，控制型管理者的个人信任度会不断降低。

第二，领导力的本质，就是能够把别人放在第一位，把关心放在别人身上，善于倾听。很多时候，沟通的内容甚至并不是重心，重心是建立起那种被理解的体验。因为只有此时，对方才可能解除自我保护。要用眼睛和心去倾听，这就是说，要近距离进行；看报告不一样，那只能获取第二手资料。

第三，勇于承担开放自己的风险。不能开放自己，表现出对别人的信任，那么，你充其量只能将自己与他人的关系，保持在低水准的小心和揣摩层次上，不可能实现激励下属的目标。当然，开放自己的信息，可能反受伤害，但这是每一个管理者都必须冒的风险，而大部分情况下，一旦你这样做到了，别人也可能同样会甘冒风险，这样，人际信任也就建立起来了。

走动关心，是相对于流行近20年的"走动管理"而言的。这里，我们将谈到"美国大兵的22条作战条例"，它们从未出现在任何正规的教科书里，但却是在实战中获得的一系列来自第一线、用鲜血和生命换来的、屡试不爽的金科玉律。我们将换个角度，在服务一线，运用这些条例。不过，我们超越了22条，综合出了40条。

1."你不是超人！"

谁都可能犯错误，也都可能做出让人满意并惊喜的非凡的事情，包括我们管理人员自己。管理人员不是"超人"，而是凡人，所以，如其他员工一样应该——

微笑。

礼貌地跟所有人问好。

服饰符合职业要求。

行为遵守文明守则。

主动帮助别人。

不随便发火，那会让你失去智慧。

按照规范做事。

这就是我们在服务现场应有的姿态。换句话说，要求员工做到的，我们同样，而且应该先做好。因为客人不喜欢你的"超人"态度，同事、上级、下属也一样不欢迎。人家不欢迎你，你还能做什么呢？又能做多久呢？

2.“如果一个馊主意管用,那么,它就是个聪明的办法!”

不要自以为是,以为只有自己才正确,不要局限于自己的经验和价值标准判断员工处理问题的方式,否则会埋没许多员工的才智,鼓励员工创新。

3.“别随意探头出去,那会吸引敌人的火力!”

4.“别和比你勇敢的人在同一个战壕里!”

第3条,是说“人怕出名猪怕壮”,“枪打出头鸟”,“出头的椽子先烂”。这是由外向内看的;第4条是从内向外看的。这两条规则,对我们能否建立起一个完整的服务与经营体系,将发挥基本的保障作用。我们在工作现场,关心每一个员工,实质上,就是融入进团队,在团队中建设这个团队,就是不断建设共同的“平台”——上下共同遵守的规则,如制度、标准和考核等等,以实现共同进步、同步提升;而不是以居高临下的“管理者”姿态出现,君临天下,不是站在团队之外,或团队之上的“高人”、“长官”,而只是他们的一员。

5.“一旦我方夺取了制空权,你一定要心中有数:敌人可能还不明白这一点。”

6.“别忘了,你手里的武器是由出价最低的承包商制造的!”

7.“要一起用才能生效的装备,通常不会一起运来!”

8.“无线电总会在你急需火力支援的时候断掉!”

9.“军需处的东西,一般只有两个尺码:最小号和最大号。”

10.“你最需要的通常就是你手头上没有的。”

巧妇难为无米之炊,服务的硬件环境非常重要。但是,我们不能迷信硬件,迷则生乱。更重要的是,我们还不能放松对硬件的管理(选型、维护、保养),否则,就不能保证万无一失了。这是我们面对现场的一个非常必要的态度。

在软件建设方面也一样。道理很简单,各方的立场不同,关心的方向当然不一样,我们不能希望客人与我们以同样想法,来面对同一产品;也不能指望竞争对手与我们保持一致。而这也正是我们调整自己思路与态度的出发点、落脚点。很多人看不透这一点,所以,常常感叹“为什么人们都跟我作对”、“老天总和我过不去”,其实错在自己。

同时,以上规则还告诉我们:摧毁计划或导致事情失败的因素,通常都可能是一些微不足道的小事,而这些小事,又常常防不胜防。这也是我们为什么要进行现场关心的原因。当然,也是我们编制一系列检查标准、检查表格等工具，以及落实检查组织等的原因。

11.“如果你的攻击太顺利，一定是中了圈套！”

12.“如果你突然失去了同敌人的接触，那就看看自己的背后吧。”

13.“当别人晕头转向时，你却能保持清醒，那多半是你错误地估计了形势。”

14.“好走的路上常常布满地雷！”

经营、领导、服务、生活，都是一样，在现场尤其如此。越是顺利的时候，越可能遇到麻烦，因为这时人们的警惕性最低，而冰冻三尺非一日之寒，问题一旦被发现，常常已经严重了。此外，不能忽略任何一个枝梢末节，并对任何一点微不足道的过失，都不放过，同时，对任何微不足道的优秀表现，都迅速给予称赞。

为什么要在现场进行走动关心？就是为了防患于未然。注意，给人称赞，也是防范于未然的重要措施啊！

我们称此为“危机意识”。本来，我们就处于危机之中的。

15.“没有任何计划能在遇敌后继续执行！”

这也是我们进行现场走动关心的又一个理由——要充分向第一线人员授权，要让他们直接处理对客服务过程中的任何问题，我们称这种做法为“首问制”，即第一个遭遇客人问题的人，立即接手问题，并处理到底；但在现实中，我们大多数管理人员吝啬授权，即使授权，也常常只向白领阶层、后台人员倾斜，而忽略了最需要授权的一线人员。

此外，这个规则还告诫我们，任何周密的布置、安排、计划、培训，如果不落实到实践中，都将没有意义；或如我们在现场还要做布置、安排、计划、培训这类工作，就说明上述的“后台工作”，根本没有做好；现场工作，要由现场人员以现场第一人的姿态去做，而不是我们越俎代庖。

16.“任何天衣无缝的作战计划，都经不住第一场战斗的检验。”

对新员工、实习期员工要特别把握，对任何计划的管理也一样，第一场实战都可能是失败的，问题是如何确保万无一失。这就要促成“第一场实战”演变为“第二场”或“第三场”。

17.“在战场上，没有比拿着地图狂叫的军官更可怕的东西了。”

18.“战斗往往发生在几张军用地图的结合部。”

警惕那些以专家自居、华而不实的管理者，他们要么自以为是地说“照我说的去做”、“出了事我负责”，要么对现场的情况做出脱离实际的判断，虽然合情，但不合理。他们可能造成一线人员与后勤保障人员之间的隔阂，并导致低效率现象发生。

他们制定的计划也往往如此。

19.“所有5秒钟的手榴弹引线，都会在3秒钟内烧完！”

任何准备都要充分，并要有一定的提前量，或更加充裕一些。

这各步调协调的工作，是我们进行现场关心的重要内容之一。因为没有与客人或合作伙伴们之间的节奏的协调，就难有工作默契，更难以造就情趣。

有时，甚至还可能把小事拖拉成大事，把好事拖拉成坏事，得不偿失。

20.“装成无关紧要的人，敌人常常打击重要的人！”

21.“你最不在意的敌军，可能正是攻击的主力！”

22.“你认为是佯攻，可能恰恰是真正的、主要的攻势。”

第20条是从外向内看的，第21、22条是从内向外看的，意义一样，都是关于现场关心态度问题的。

“装成无关紧要的人”，就是主动、自觉放低自己的身姿，而不在面对客人或合作者时，俨然以管理人员自居；我们应保持一个清醒的态度：“我只是一个普通的问题解决者”；对客人、员工和合作者也一样，不要因为人家的职位、资历不如你，或不是你的直接下属，或因为他是一个似乎与你无关的人，就趾高气扬。这些行为都是害人害己的，因为这既不利于他们的成长，更不利于你履行职责；对于竞争对手尤其应该如此，不能轻视，尤其不可以蔑视，无论他们是否竞争得过你，态度都不能改变，否则，你就无法向他们学到什么，结果是影响自己的进步。

23.“出色地完成上级考核的部队，往往在战斗中一败涂地。”

培训的目的不是为了考核出优秀成绩，而在于最终实现战斗目标，培训或考核只是手段而已。这个关系不能颠倒。但这同样不能否认培训考核的重要性，关键问题是如何培训考核，使之学以致用。

24.“重要的事，总是简单！”

25.“简单的事，总是难做！”

第24、25条的内容既是相对的，又是不断递进的，但作为真理，却千真万确。

服务现场没有小事。“重要的事”，往往因目标非常清晰，容易描述，所以，反而不像烦琐的小事那样，需要婆婆妈妈地描述，这也就使得这些问题成为“简单的事”。

“简单的事”之所以难，是因为目标越是简单，其内涵常常越是丰富，这也就注定了其相对简单的目标之下，一切都要由我们自己去详细打点。

26.“如果你除了敌人什么都缺，就说明你正处于交战中！”

27.“你做任何事情都可能挨枪子儿，不做任何事情也一样！”

28.“飞来的子弹有优先通过权，谁阻挡谁倒霉！”

所谓危机，就是各种资源一下子都短缺起来，而这时，正是在“作战”中。如遇到客人大发雷霆，你不知所以，但必须马上着手处理；如组织一场大型活动，刚才还完好的那个小小的麦克风突然不响了，一时又没有替代品；如你急着想找一个资料时，偏偏电脑死机，而平时从没有这样的问题，等等。

但要知道，这样的情况越多，越能说明你在工作；越能在资源不多的情况下解决问题，越能说明你的进步。所以，这时的心态，应首先看清、认清状况，然后勇往直前，而非退避三舍。越退，问题越多越大，而不可能因为退避而减少问题，或降低其危害性。

当然，这个勇往直前的不退避，要有技巧，而非有勇无谋地硬往石头上撞，弄得头破血流。首先，要保持冷静，临危不惧、不乱，因为你一乱，下属自然无所适从。同时，这也有赖于平时的学习、分析能力的培养，有赖于善于把握、利用周边一切资源，有赖于善于迅速形成一个应急的运作体系，而非单打独斗。

29.“如果你在敌人的射程内，说明敌人在你的射程内！”

这是一种我们把握自己现场行为的基本常识。

当你告诫别人的时候，就应知道自己已经在被告诫的观察范围里了；或者你去称赞别人时，自己同样在受称赞的范围里。换句话说，当你以为照见了别人的同时，别人也就成了你的镜子。说话、办事、动作、修饰等等，都不能忽略这一点。

30.“在战场上，最大的幸福，莫过于敌人向你开枪，却打偏了。”

工作与生活中，幽默是绝对不可以缺少的。要不断创造轻松的环境，通过比较构筑自己和大家的幸福感。这个工作非常重要，而且常常就是成功的关键。因为你激发了很多人对你的认同。

31.“千万不要脱离集体,否则就没人替你挡敌人的子弹了。”

任何时候,系统建设都是必不可少的,我们的多数工作都是因为没有一个系统,而在赢得一次战斗之后,输掉了一场战争;或因为一件事情处理不当,造成了整体的困境;或因一个人的问题,造成了更多人的不幸。团队就是长城,团结才有力量,而其前提是系统意识的培养和确立。有了系统,然后才可能有细节的成功。

32.“敌人只会在两种情况下进攻:他准备妥当,或你没有准备好。”

任何工作的成功失败,都如此。

33.“唯一比敌人炮火精确的,是友军的炮火!”

34.“雷达通常在黑夜或能见度低的时候失效,但更多的时候,是在能见度极低的黑夜失效。”

35.“在战场上,天气是不会守中立的。”

36.“防空兵的信条:把天上飞的全打下来,到地面上之后再去分清敌我。”

堡垒最容易从内部攻破。

有时是有意的,如人际关系矛盾的双方之间,你看不起我,我看不起你,形成现场的别扭,影响大局;有时是无意的,如团队意识不强、没有共识,或共同语言少,而导致步调参差,现场表现为一盘散沙;另有一些情况,反映在工具、用品与修饰等的应用规则上——公司的装修风格、员工的服饰、徽章风格、语言风格、行为风格不一致等,常常导致形象的混乱。

这是谁造成的?都是我们自己,或内部人。

37.“如果你不知道该采取什么措施,那么,就先把弹盒里的子弹全射出去。”

在现代经营中,很多自诩专业人士的“专家”、“学者”、“教授”,可能都做不过初出茅庐的新人。他们可能根本不按牌理出牌,却常常能杀你个落花流水。警惕那些“半瓶子醋”的人,而“完全外行”和“完全内行”的危害都在其次。

38.“专业士兵的行为是可以预测的,但世界上充满了游击队员!”

我们受过专业操作训练,接受过不少思维定势的训练,有好的一面,但也有束缚。毕竟，我们所面对的，是一大群以"风云变幻"为特征的客人(市场)，我们有多少能以不变应万变的方法呢？即使有，也很少。所以，正确的做法，应该是以变应变，最好是能够领导变化，让对手或客人追随我们。

现场关心，关心什么？就是关心变化，关心创新。因为在现场，我们的思维才会有创新，否则就可能只有挨打的份了。

39."当两军都觉得自己快输了时，那他们可能都是对的!"

40."一个兵如果还想打仗，就说明他根本没有好好打仗。"

信心、信念，是绝对不可以少的。中国人的管理与服务，在文化深度、形式规划上，都不输给欧美经济发达国家，但我们不能不承认，我们之间在管理效果上，存在着非常大的差距。

差在哪里？我认为差在信心、信念。

我们没有信心、信念吗？有。但我们的信心、信念，太多局限于做事方面，至于管理的文化层次，即宗教性的信心、信念，较之欧美国家的管理文化，就非常淡漠了。

如果我问，作为服务业的从业者，你相信上帝吗？

那么，大多数同事都会说：不信。

如果我再问，你是否说过，客人就是上帝？

那么，同样多的人会说：说过。

于是，这个结论就是：我不相信客人就是上帝。或许大家马上会反驳说："不，我们心中的上帝，就是重要的意思，就是说，客人非常重要。"

但重要的事情，实在太多了。这就是我们与欧美经济发达国家管理上的差异：一个是绝对的，一个是模糊不清的。那模糊不清的东西，能带给我们什么呢？

老庄思想、孔孟之道、佛教都曾经影响过我们整个民族，现在仍然发挥着作用，但就指导意义而言，这些体系太模糊了，即使佛教意义上的信心、信念，也多成迷信，而少有智信了。因此，我们能够发现，几乎每个人的心，都如浮萍一样，忽东忽西，没有宗旨。

这正是信心、信念的危机。

其实，任何一个信心、信念的本质，都是一个"大爱"。试想一想，缺乏"大爱"的团队，怎么可能有一个共同建设的平台呢？而没有一个共同的平台，团队又何以强大呢？团队不够强大，怎能有胜利的信心、信念呢？

因此，我们必须以大爱之心，建设我们的团队平台，培养信心、信念。

明白了这一点，我们以后再说到“客人就是上帝”时，不妨改为“客人就是阿弥陀佛”，然后，心生恭敬，岂不更有民族性？

三、员工满意度管理

1. 关于员工满意度的理解

员工满意，将在很大程度上决定客人满意，而客人满意又决定着公司利润。一般而言，员工满意度达80%以上时，其创造利润的能力，将比同业其他企业高出20%。我们将基于这个实际，来把握工作。目前的问题，是很多管理人员尚不知道员工满意包括哪些因素，甚至只想到工资、福利待遇。其实，它的内容非常广泛，几乎包含了我们所谓管理的所有方面，可以说，员工的问题搞清楚了，管理就能到位。

这里，我们系统地罗列其中5类18种100项，供大家参考。

（一）工作回报

物质回报：(1)工资收入；(2)加班工资；(3)奖金；(4)福利；(5)社会保险；(6)薪资系统；(7)假期。

精神回报：(8)工作乐趣；(9)成就感；(10)尊重与关怀；(11)友谊与朋友；(12)个人能力及特长的发挥；(13)职位与权力；(14)威信与影响力；(15)表扬与鼓励。

成长与发展：(16)培训；(17)待遇；(18)晋升；(19)知识的进步；(20)社会地位；(21)能力提升。

奖惩管理：(22)物质或金钱奖励(红点)；(23)优秀评比；(24)罚款(黑点)；(25)行政处理(留职)。

（二）工作保障

后勤保障：(26)劳动合同；(27)员工餐厅；(28)员工宿舍；(29)待遇；(30)休息场所；(31)工伤；(32)医疗；(33)劳保。

作息制度：(34)上下班时间；(35)休息；(36)加班制度；(37)请假制度。

工作配备：(38)资源充裕性；(39)资源适宜性；(40)设备维护与保养；(41)资源配备效率；(42)固定资产管理；(43)新设备配置；(44)新技术运用。

工作环境：(45)舒适；(46)5s现场管理；(47)污染与环保；(48)安全；(49)美观；(50)便利。

（三）团队

内部和谐：(51)行为礼仪礼貌；(52)沟通与交流；(53)工作配合；(54)信

息与经验;(55)员工士气与心志;(56)舆论控制;(57)团队精神。

工作方法:(58)工作质量;(59)工作效率;(60)工作成本;(61)工作计划;(62)责任感与主动性;(63)灵活性与技巧;(64)工作作风。

员工素质:(65)会议组织与参与;(66)品格修养;(67)观念;(68)知识与经验;(69)健康;(70)能力表现与表达。

(四)管理

管理机制:(71)创新与改进;(72)管理连续与稳定性;(73)组织架构;(74)用人机制;(75)监察机制。

管理风格:(76)管理才能;(77)管理艺术;(78)情感管理;(79)管理有效性。

制度:(80)内部投诉;(81)制度建议;(82)认可度;(83)实施效果。

企业文化:(84)认同与归属感;(85)企业形象;(86)文娱活动;(87)生日与节假日;(88)报纸杂志;(89)内部刊物;(90)合理化建议。

(五)经营

服务质量:(91)标准体系;(92)投诉处理;(93)客人满意度;(94)质量目标。

社会形象:(95)与供应商的关系;(96)对地方经济贡献;(97)与政府关系;(98)解决就业及参与公益事业。

发展远景:(99)企业远景及规划;(100)企业经济指标。

以上内容,既需要我们不断地针对列表(作为核查检讨目录),实施非常具体的操作,亦需不断地据此进行思考。

2. 员工恳谈

(1)4 个基本态度

恳谈,主要是一对一,个别的时候对小团队的谈心。这本来不是困难的事情,但往往非常难以坚持,为什么? 因为不习惯。现在,我们就来培养这个习惯。

此外要注意,恳谈活动,与通过会议或其他正规渠道的沟通有着本质的区别,更倾向于个性化对应,更能体现深入的现场走动关心,所以,不能走过场,否则就没有意义。

因此,以下 4 个基本态度,非常重要。

第一,用心真诚;

第二,规范并接受约束;

第三，有坚持力；

第四，运用智慧而非小聪明。

程控表单 20.　　　　　　　　恳谈的 8 个指导方针

(1)谈到员工的工作表现时要具体。

(2)重点放在员工的表现，而不是员工本人。一定要维护员工的自尊。讲话时用“我”开头，而不是“你”，以减少员工的抵触情绪。

(3)出现问题后尽量马上对工作要求标准进行强调或对问题立即采取对策。然而，当你怒气满胸时，最好先克制，等冷静下来以后再处理问题。

(4)当众表扬，私下纠正。在同事面前被告知自己出了错时，谁都会很难堪。除非员工的错误可能产生严重的后果，否则一定要等到你能有充足的时间和员工单独讨论。

(5)讲明该员工的工作对员工群体和整个公司的影响。

(6)要做一个教练，而不是一个操练军士。

(7)每天腾出空来在公司走走，对员工进行辅导。

(8)将个别辅导情况记录下来。

(2)恳谈形式

入职恳谈：明确工作目标、职业规划与组织期望。

例行恳谈：交流工作过程中存在的问题、困难、工作方法、技巧、个人意见、建议等。

特殊恳谈：对特别事项加以了解，检讨或对重大事项进行分析等。

离职恳谈：在员工决定离职之后，进行交流，发现解剖问题，培养公司的社会支持力量。

程控表单 21　　　　　　　　离职人员调查问卷

非常感谢你迄今为止的贡献！我们希望把公司变成一个更适于工作的地方，我们需要你的帮助。请你花 5 到 10 分钟，回答几个问题。

姓名		部门		职位	
调查人		调查时间		离职时间	
监督人					

(1)如果你已接受了另一份工作，有什么东西我们没能提供给你而那份工作却能提供？

(2)是什么因素导致了你离开这个公司?是否是愿望没有实现?为什么没能实现?如果你不再在最初受聘的职位上干,再换个职位可以吗?

(3)在你决定离开时,对你将去工作的新公司/或其他选择,是否能描述得准确?你认为你的能力得到什么程度的发挥?

(4)为了让我们的公司有更好的发展,你对管理方面有什么建设性意见?

(5)在受聘工作过程中,哪些因素令你感到有部分工作还是很愉快的?

(6)你愿意介绍朋友到这个公司工作吗?如愿意,为什么?不愿意又是为什么?

(7)你决定离开公司是受下列因素影响吗?(在合适的项目上画√)

□离开这个城市　□回学校念书　□健康状况不好

□家庭环境　□退休　□有更好的机会

□不满意:

□工作类型　□工作条件　□薪水　□管理　□其他(请详细写出)

(8)你如何评价你的工作和部门的如下各方面?

	很好	好	一般	差
工作安排	□	□	□	□
工作环境	□	□	□	□
设备配置	□	□	□	□
培训是否充足	□	□	□	□
同事关系	□	□	□	□
部门内合作	□	□	□	□
部门间合作	□	□	□	□
工作量	□	□	□	□

(9)在以下各方面将如何评价你的上级？

	很好	好	一般	差
公平待人	□	□	□	□
肯定工作中的成果	□	□	□	□
化解矛盾和问题	□	□	□	□
稳定的政策和措施	□	□	□	□
通知雇员与其工作有关的情况	□	□	□	□
欢迎反馈意见和有关建议	□	□	□	□
清楚地发布指示	□	□	□	□
进行合作	□	□	□	□

(10)如何评价下列各项？

	很好	好	一般	差
你的薪水	□	□	□	□
发展前途	□	□	□	□
对你的工作的评价	□	□	□	□
公司的政策	□	□	□	□
(如果是一般或差,请说明理由)				

再次感谢你！

(3)恳谈规则

在空间范围上,所有员工都将参与恳谈活动,一个都不能少;在时间范围上,总经理与每位部门经理之间的例行恳谈,至少每季度1次;部门经理与每位主管、领班的例行恳谈,至少每月1次;主管、领班与员工的例行恳谈,要每日至少选择1人。

入职、离职恳谈,将决定新员工的第一步、最后一步如何走,并影响他的长期态度,总经理、人力资源部经理、部门经理、现场经理、直接主管领班,必须分别恳谈,并记录。

特殊恳谈,将根据需要,由上级管理者或人力资源部安排,对象包括4类:部门本月受称赞、表扬次数前三位的员工;本月受批评、处罚次数前三位的员工;情绪异常的员工;有特别安排或重点培养的员工。

上级经理可根据下属恳谈报告,有选择地跨级恳谈,直接了解情况。

每次恳谈时间不应少于15分钟。

(4)恳谈内容

参照第三讲之五的“80个引导型问题”,逐一或选择提问并记录。

(5)恳谈记录

除例行恳谈外,一般恳谈都要有记录。

程控表单 22.　　　　　　　　恳谈记录单

(本单同时适用于针对绩效评估结果进行的面谈)

<table>
<tr><td>恳谈对象</td><td>职位</td><td>部门</td><td>恳谈时间</td><td>地点</td><td>恳谈人</td><td>第　次</td></tr>
<tr><td></td><td></td><td></td><td></td><td></td><td></td><td></td></tr>
<tr><td colspan="7">恳谈纪要:</td></tr>
<tr><td colspan="4">建议及行动方案(含训练计划)</td><td colspan="2">工作改善记录</td><td>生涯规划及期望</td></tr>
<tr><td colspan="4"></td><td colspan="2"></td><td></td></tr>
<tr><td colspan="7">工作表现检讨</td></tr>
<tr><td colspan="2">检讨项目名称</td><td>绩效得分</td><td colspan="4">要点说明</td></tr>
<tr><td colspan="2"></td><td></td><td colspan="4"></td></tr>
<tr><td colspan="2"></td><td></td><td colspan="4"></td></tr>
<tr><td colspan="7">小结:</td></tr>
</table>

恳谈对象或被考绩人签名及日期:________　恳谈人或考绩人签名及日期:________

人力资源部要汇总各级管理人员的恳谈记录,并报告总经理,以便对人力资源政策或其他政策进行适时调整。

恳谈质量及其相关记录,同时作为总经理对管理人员考绩的重要内容,在一定程度上,影响当事人的发展与收入。这个问题,在经理考核办法中还会重提,可以参考。

3. 员工满意度调查

程控表单 23.　　　　　　员工满意度(意见)调查(一)

说明:(1)调查问卷共有 33 个问题,问题采用单项选择的方式,简明扼要并易于回答,但答案必须写在答题纸上。(2)可以匿名填写调查表。(3)本调查问卷的密级为 A,任何信息都是严格保密的,所以你可以放心作答。(4)当超过 50% 的题目不作回答时,本问卷无效。(5)请你按照实际情况作答,否则将影响调查结果。(6)答案 A 得分为 0 分,答案 B 得分为 1 分,答案 C 得分为 2 分,答案 D 得分为 3 分。

你的姓名:__________(可不填)　　所在部门 :__________(可不填)

你的职位:__________　　入职年限:__________

性　别:__________　　学历程度:__________

试题号	可供选择答案				统计结果	
	肯定是	偶尔是	不确定	肯定不是		
1	A	B	C	D		
2	A	B	C	D		
(略)						
32	A	B	C	D		
33	A	B	C	D		

问题如下:

(1) 与人交流沟通时,往往言辞急促或操之过急

(2) 遇到突发事件往往信心不足或有些害怕

(3) 工作时经常感到无奈,没有方向感

(4) 上司让我很反感

(5) 常有莫名其妙的恐惧感

(6) 有些事情很急,明知该干,但也不想去干

(7) 我对薪酬福利感到不满意

(8) 身体和精神经常不好,有时腰背疼或肠胃不好

(9) 我基本上不与家里人谈论工作上的事

(10) 我和同事的矛盾和误会很多

(11) 我更喜欢一个人独自工作

(12) 经常怀念往事,对现在的景况感到不满意

(13) 总在想多一事不如少一事

(14) 领导说的事情,有时明知是错的,也照做

(15) 不想学习新的技术和技能

(16) 员工们得到的待遇不是公正、公平、公开的

(17) 常有辞职或发泄一通的念头

(18) 朋友越来越少了,在公司里没有知心朋友

(19) 总是反对下属或同事的不同意见

(20) 以前的许多兴趣现在都没有了

(21) 经常忘记一些重要的事情

(22) 工作环境经常很乱、缺乏条理

(23) 迟到与缺勤是常事

(24) 我工作出色时上司基本上没有表示过赞赏

(25) 常常记不起今天是几月几号、星期几

(26) 公司的制度不遵守,也无所谓

(27) 总认为自己比一般人要高明

(28) 从不相信上司的承诺

(29) 我基本上不乐于帮助别人

(30) 对企业的大多数事情我都不感兴趣

(31) 我经常说一些违心的话,做一些违心的事

(32) 我和同事间的关系比较冷漠

(33) 我在公司不想有任何作为

谢谢你完成了这份调查表!

不知你是不是有一些我们未在表中列出的观点需要表达,如果有,请把它们写在下面的空白处:

你的观点、想法、或希望令人关注的问题是:

程控表单 24. 员工满意度(意见)调查(二)

(1)请你填这个调查问卷,目的是想了解你对工作的感受,这个信息有助于帮助管理人员了解大家的需要,并使企业的经营更加成功。

(2)本问卷是为了反映你的态度和意见而设的,没有对错之分。正确的答案就是最适合你的答案,请你在选中的数字上画个圈。

(3)请认真回答每一项,不要跳过。如果对某个问题的意思不确定,可以要求负责调查的人为你解释。

(4)所有问题,包括了人们对工作的很多想法。在回答时,请指明你如何看待你的工作,你喜欢它的什么,不喜欢什么。

(5)请不要与任何人讨论问题,我们想知道你个人的观点,而不希望别人影响了这种观点。

(6)这个调查只有认真完成后才有用,也就是说,只有你坦诚地回答每个问题时它才有价值。

部门： 姓名： 日期：

问　　题	非常同意	较同意	和我无关我不同意	较不同意	非　常不同意
A. 管理风格					
1. 管理人员用他希望我对待顾客的方式对待我	1	2	3	4	5
2. 我定期接到有关我的服务质量的反馈信息	1	2	3	4	5
3. 我的上级帮助我解决工作中的困难	1	2	3	4	5
4. 管理人员力图创造一种积极的工作环境	1	2	3	4	5
5. 管理人员对我和我的工作感兴趣	1	2	3	4	5
B. 管理人员对顾客满意程度的考虑					
1. 管理人员将顾客满意放在第一位	1	2	3	4	5
2. 管理人员经常与我讨论顾客服务	1	2	3	4	5
3. 我被鼓励提供一些改进顾客服务的建议	1	2	3	4	5
4. 管理人员坚持最高标准的顾客服务	1	2	3	4	5
5. 管理人员对提供的优质服务给予肯定和奖励	1	2	3	4	5
6. 在我的工作中,改进顾客服务的目标是被明确定义了的	1	2	3	4	5
C. 服务质量					
1. 我的部门的顾客服务质量极好	1	2	3	4	5
2. 希望并要求优质服务	1	2	3	4	5
3. 我的部门确立了顾客服务的目标	1	2	3	4	5
4. 我们达到了顾客服务的目标	1	2	3	4	5
5. 我部门中的管理人员尽力使顾客更满意	1	2	3	4	5
6. 在部门中我们互相合作以提高服务质量	1	2	3	4	5
D. 公司的领导					

续表

问　题	非常同意	较同意	和我无关我不同意	较不同意	非　常不同意
1. 我为在这个公司工作感到骄傲	1	2	3	4	5
2. 管理人员尽力提高顾客服务质量	1	2	3	4	5
3. 管理人员会对这次调查结果做出反应	1	2	3	4	5
E. 交流的效果					
1. 我能得到工作所需的信息	1	2	3	4	5
2. 有人会把影响我工作的变动通知给我	1	2	3	4	5
3. 经常有人向我强调顾客服务的重要性	1	2	3	4	5
4. 我能从公司出版的业务通讯上得到有价值的信息	1	2	3	4	5
5. 公司的业务通讯强调顾客服务的重要性	1	2	3	4	5
F. 以下哪些能给我提供大量有用信息					
1. 其他员工同事	1	2	3	4	5
2. 通知、告示或文件	1	2	3	4	5
3. 同上级的面谈	1	2	3	4	5
4. 与上级的小组会议	1	2	3	4	5
5. 公司的业务通讯	1	2	3	4	5
6. 公司管理机构中的其他交流方式	1	2	3	4	5

4. 员工满意度分析与工作改进

员工满意度调查是一个系统工程，安排一个详细而周密的计划是必须的。完成员工满意度调查后，分析是重点，忽略了分析的调查是无任何意义的调查。

(1) 实施员工满意度调查的步骤

很多人不懂搞调查，所以，常常简单地把问卷发下去，然后收上来就万事大吉，这种态度使调查失去了一半的作用。实际上，调查过程，就是培训过程，就是管理过程。千万不可以掉以轻心。

第一步，召集参加调查的员工，花30分钟时间，进行调查方法培训。

第二步，宣布参加调查的人员数字，包括总人数，其中员工人数、管理人员人数、请假人数，确认有效性，强调严肃性。

第三步，讲解调查的目的、具体过程、结果，以端正心态。

第四步，培训满意度理论的知识，即如何通过调查数据，分析问题，改进工作。这是一次很好的学习，也是一个很有用的知识。同时，通过这次学习，使大家再次对公司文化有一个认识，实际上，也是一次文化培训，使大家能以开放的胸怀和真诚的态度，谈出对公司的满意和不满意。

第五步，发放国际通用型量表，即这里的《员工满意度调查问卷》。以后，还可以以同样的方式进行其他调查。

第六步，员工在统一场所、独立完成问卷。

第七步，收取问卷，并向参加者表示感谢。

(2)数据统计

首先，内部统一关于满意度指标的定义。

在这项调查中，我们设定员工满意度的预期目标值为85分。假定目前值为78分，与公司业态预期目标值之间有7分差距，这就需要公司在员工满意度工作上进一步努力。

如果分数低于60时，则说明企业管理存在严重问题，必须立即进行改进；分数高于90时，说明员工热爱企业，企业的凝聚力和向心力都很好，员工具有良好的心态和工作热情；分数在60～90分时，说明企业的敏感人群较多，缺乏良好的心态，责任心较弱，必须进一步改善。

然后，统计出全员选择A、B、C、D的分数(人数)。

程控表单25.　　员工满意度样本分类(部分)

序号	内容	答案			
		A	B	C	D
1	与人交流沟通时，往往言辞急促或操之过急	10	330	450	345
2	遇到突发事件往往信心不足或有些害怕	150	342	46	597
(略)					
32	我和同事间的关系比较冷漠	41	40	47	1007
33	我在公司不想有任何作为	53	127	211	744

(3)数据分析

程控表单 26.　员工满意度项目优劣排序(部分)(按平均分数计算)

序　号	内　　容	单项分数	差	一般	好	很好
7	我对薪酬福利感到不满意	0.89	●			
11	我更喜欢一个人独自工作	1.45		●		
(略)						
29	我基本上不乐于帮助别人	2.95				●
26	公司的制度不遵守,也无所谓	2.96				●

程控表单 27.　分析现状及可能的结论(部分)

序　号	内　　容	可能的结论
1	与人交流沟通时,往往言辞急促或操之过急	29.9%的人在沟通过程中有障碍
2	遇到突发事件往往信心不足或有些害怕	43.03%的人应急应变能力差
(略)		
32	我和同事间的关系比较冷漠	7.1%的人没有从工作中获得友谊
33	我在公司不想有任何作为	15.8%的人对公司不抱希望

程控表单 28.　SWOT 分析(示例)

	优势 S	劣势 W
	认同并遵守公司制度 热爱学习求上进 员工心地无私	薪酬待遇在行业中偏低 加班多导致员工疲惫 企业文化建设薄弱
机会 O	SO 战略	WO 战略
组织结构正在调整 股份制改造和上市机会	成立人力资源部,实行问责制。 实现管理队伍年轻化和深入的学历教育 引入高素质管理人才	聘请常年管理顾问,大力推进企业文化建设 建立科学合理的绩效考核与薪酬制度
威胁 T	ST	WT
技术人才和熟练工流失 人员素质低	成立培训部,通过持续不断的培训提升员工素质	高薪挽留部分人才

(4)编制工作改进报告

针对调查形成的基本结论,组织公司管理人员进行研讨、归纳,确立改进措施,由组织、政策、操作办法三个角度,出台规划,开展工作。

课后思考与练习

1. 你如何认识“系统观照力”? 你的“系统观照力”如何?

2. 组织部门在例会上讲故事(案例),并将近两个月的故事(案例)编辑成册,作为部门培训(辅助)教材。

3. 你是如何实施走动关心的?

4. 进行一次“员工满意度调查”,并进行分析,提交一份工作改进报告。

第六讲 培训考核与专业服务经理人业绩

导 言

这一讲，我们将针对《金钥匙品牌服务系列》教程中学习的内容，讲解如何进行系统培训和考核的工作。同时，还要更进一步对专业的服务经理人自身的努力程度进行评估，从而达成团队整体的进步和服务质量综合素质的提升。

一、初、中级"金钥匙"服务资格的培训与考核

1. 培训组织

(1)人力资源部

人力资源部主持外语培训、外聘专业讲师、外送培训、新员工入职培训等，同时督导各部门岗位的常规培训。

(2)内训师

人力资源部主持，组建一个由经理、主管领班、员工代表组成的"公司内训师评估小组"，面向全体员工，公开选聘"内训师"，每年进行一次。

人力资源部负责为内训师提供培训机会，对课程内容、培训技巧、授课手段进行辅导、考核，制定培训计划。

内训师培训、考核完成后，公司举行仪式，颁发上岗证书。

内训师分为"公司级"和"部门级"两等，每一课时(45 分钟)，分别享受不

同津贴。

2. 常规培训计划与预算

这里，我们省略了培训需求调查。这个步骤，可以参照第五讲关于员工培训后行为或工作作风的调查结果进行。此外，还要强调一下预算管理的问题。教材费、培训费、食宿费、场地费等直接支出，有时可能因为部分资源是自有的，就没有计算，是不正确的。如果培训需要占用营业场地，费用将按营业标准计算。

程控表单 29.　　　　培训计划与预算表

培训编号：　　　　　　　　　　　　培训部门：

<table>
<tr><td colspan="3">培训主题</td><td colspan="3"></td><td colspan="3">培训时间</td><td colspan="15"></td></tr>
<tr><td colspan="24">培训计划</td></tr>
<tr><td colspan="6">课程名称</td><td colspan="3">培训时间</td><td colspan="3">讲师</td><td colspan="3">教材/
资料费</td><td colspan="3">培训/
教师费</td><td colspan="3">食宿/
场地费</td><td colspan="3">总计
（元）</td></tr>
<tr><td colspan="6"></td><td colspan="3"></td><td colspan="3"></td><td colspan="3"></td><td colspan="3"></td><td colspan="3"></td><td colspan="3"></td></tr>
<tr><td colspan="6"></td><td colspan="3"></td><td colspan="3"></td><td colspan="3"></td><td colspan="3"></td><td colspan="3"></td><td colspan="3"></td></tr>
<tr><td colspan="6"></td><td colspan="3"></td><td colspan="3"></td><td colspan="3"></td><td colspan="3"></td><td colspan="3"></td><td colspan="3"></td></tr>
<tr><td colspan="6"></td><td colspan="3"></td><td colspan="3"></td><td colspan="3"></td><td colspan="3"></td><td colspan="3"></td><td colspan="3"></td></tr>
<tr><td colspan="24">参加人员共　　　人，名单如下：</td></tr>
<tr><td colspan="4">姓名</td><td colspan="4">部门/岗位</td><td colspan="4">职位</td><td colspan="4">姓名</td><td colspan="4">部门/岗位</td><td colspan="4">职位</td></tr>
<tr><td colspan="4"></td><td colspan="4"></td><td colspan="4"></td><td colspan="4"></td><td colspan="4"></td><td colspan="4"></td></tr>
<tr><td colspan="4"></td><td colspan="4"></td><td colspan="4"></td><td colspan="4"></td><td colspan="4"></td><td colspan="4"></td></tr>
<tr><td colspan="4"></td><td colspan="4"></td><td colspan="4"></td><td colspan="4"></td><td colspan="4"></td><td colspan="4"></td></tr>
<tr><td colspan="4"></td><td colspan="4"></td><td colspan="4"></td><td colspan="4"></td><td colspan="4"></td><td colspan="4"></td></tr>
<tr><td colspan="6">费用预算</td><td colspan="6"></td><td colspan="6">每人分摊</td><td colspan="6"></td></tr>
<tr><td colspan="2">财务部</td><td colspan="5"></td><td colspan="2">人力资源部</td><td colspan="5"></td><td colspan="2">部门/岗位</td><td colspan="8"></td></tr>
</table>

批准：　　　　　　　审核：　　　　　　　拟订：

注：一式三联：第一联交部门；第二联交人力资源部；第三联交财务部

3. 初、中级“金钥匙”服务资格指定教材与培训组织

内训师在人力资源部领导下，以《金钥匙品牌服务系列》（初级、中级课程分别为《服务人教程》《品牌服务人教程》）为教材，分期分批执行公司的员工服务资格培训计划。

各部门经理应配合人力资源部组织的内训，每月至少安排部门内训师进行不少于两次的培训；编制员工培训档案，于每月底汇总至人力资源部。

各部门经理应于每月26日前提交下月内训计划至人力资源部，人力资源部督导培训执行情况。

4. 参加培训对象

凡工作年满一年的员工，均有资格，并必须参加初级“金钥匙”服务资格培训、考核。

凡通过初级服务资格考核的员工工作满一年后，即有资格，并必须参加中级服务资格培训、考核。

领班及其以上人员必须通过中级服务人员考试；凡获晋升管理级别者，必须通过中级服务资格考核。

5.“金钥匙”服务资格200分考核大纲

这项考核是对我们以《金钥匙品牌服务系列》（初级、中级课程）为教材进行的培训的总结，所以，非常重要，也是我们这一讲的核心内容。

我们大体上可以做一个由“理论”和“实践”组成的200分考核规划，以便全面地完成一个“体系”。

首先，针对《金钥匙品牌服务系列》（初级、中级课程）的内容——“理论”部分，应占100分。

其中，关于金钥匙本身的理解，可以占20分。内容应该包括“金钥匙案例启示”（5分）、“金钥匙服务理念及其内涵”（5分）、“员工感性认知状况”（10分）三部分。

程控表单30.　　员工培训感性认知测评表

测评项目	评定
1. 公司理念	
了解公司经营理念	
能随口说出公司理念	
对公司理念非常认同	
以公司理念为荣	
能就公司理念写出深刻的感想	

续表

测评项目	评定
2. 公司价值	
了解公司存在的意义	
了解公司的社会使命	
了解公司利益与社会利益的关系	
了解公司利益的重要性	
了解自己利益与公司利益的关系	
3. 公司概况	
能画出公司组织结构图	
了解各部门的工作职能	
了解公司产品	
了解公司产品的特征、优点、缺欠	
了解公司资产、收入的概数	
4. 公司历史	
了解公司的历史	
了解公司的信念	
认同公司的传统	
了解并接受公司的标准色、标志、标准字	
热爱公司	
5. 行业知识	
能说出公司所处的行业	
了解行业概况	
了解公司在行业中的地位	
了解公司在行业中的奋斗目标	
能对提高公司在行业中的地位有所建议	

然后，是与“金钥匙”服务资格相关的内容，可以占80分，包括教材各讲的要点——

(1)性格开朗、阳光,为人诚实
(2)对客人行为或要求做出准确的判断,并能提供良好的服务表现
(3)举止言谈与着装化妆,得体到位
(4)良好的内在服务意识,表现出脚踏实地的工作态度
(5)遵守行为规范,并能够在行动过程中熟练地协助他人
(6)充分把握清洁的内涵,并能创造清洁环境
(7)对正确行为,都能保持坚韧不拔的执著与耐力
(8)理解服务的意义
(9)理解服务的内涵与作用
(10)理解服务分类
(11)能够理解常用商业术语
(12)能够理解常用经济学术语
(13)理解社会常识
(14)理解时事状况
(15)掌握一定的沟通技巧,能够建立基本良好的人际关系
(16)理解服务与客人心理
(17)了解社会日常礼仪常识
(18)理解服务人员应备的礼仪常识
(19)能够应用一般服务接待术语
(20)理解服务接待人员的语言表达方式
(21)把握向客人推介产品的方法
(22)掌握服务接待人员的服装与装饰规范
(23)把握重要问题的解决办法
(24)理解环境管理的意义
(25)理解财物管理的意义
(26)理解社交
其他。

上述内容的设计,要依靠《金钥匙品牌服务系列》(初级、中级课程),使之成为一个"有据可依"、"可以自修"的体系。注意,这个体系很重要,特别是对基层员工而言,完全的现场主义,可能造成太大的自由化,不利于整体规范意识的建立。

所以,要反复、多面、灵活、立体地应用好这个教材体系。

然后,我们来把握"员工行为标准"和"服务质量标准"——"实践"部分。

这项考核,也占100分。其中:

(1)现场服务应知应会(30分)。

(2)实际操作的准确与熟练程度(70分)。

最后,还要制定一个与培训活动本身相关的考核项目:特别加减分规则。如“每缺席培训一课时,扣10分;日常表现中,每受罚一个黑点,扣5分;每因服务表现优秀获一个红点,奖5分”等等。

至于初级、中级之间的区分,关键在于试题深度的设计,但核心的东西,不离上边的宗旨。

也可以根据实际情况,考虑增加100分的普通话能力或100分的外语能力考核。重视普通话的表达,并加强这方面的训练,可能会收到意想不到的好效果。在外语能力考核方面要注意:

(1)书面表达能力(30分)。

(2)口头实际表达能力(70分)。

6. 试题模式

理论考核部分,分两类。“理念”类应以“理解题”和“背诵题”为主。另一类即《金钥匙品牌服务系列》的内容,应以案例的形式,出现在试题中,强调“用脑”、“用心”、“务实”,达成自我提升的最终目的。

实践考核部分,以常规笔试和模拟操作或现场操作考核为主,关注学以致用的效果。

以上考题,由人力资源部统一制作,采用闭卷、口试、情景模拟等多种形式进行。

7. 分值、证书及查询

参加初、中级服务人员资格培训、考试,且考核分值达到合格标准者,将获由人力资源部颁发的“初级服务资格证书”或“中级服务资格证书”。

考核分值将通报部门,并存档,员工也可直接在公司OA系统中查询。

8. 资格待遇

获“初级服务资格证书”的员工,可以享受公司规范的薪资待遇及相关福利;未达标者,将面临降薪、降职、终止或不再续签合同、停职或取消部分福利待遇等处分。

获“中级服务资格证书”的员工,将从次月起获得上调工资或福利待遇等奖励。

9. 员工培训跟踪

程控表单 31.　　　　　　　员工培训实绩测评表

________部门：

自_____年_____月____日至_____月____日，你部门________先生/小姐的培训告一段落，现对其业绩进行调查，以便安排进一步的培训，请你部填写下表，并于_____年____月____日前交人力资源部经理。

特谢！

测　评　项　目	改变很好	略有改变	无改变	变差	很差	不明确
工作量提高						
工作质量提高						
服务意识改变						
成本意识提高						
安全与卫生意识提高						
出勤与加班						
团队合作						
敬业精神						
勤奋程度						
忠诚度						
奉献精神						
工作主动性						
责任心						
宽容心						
感恩心						
自信力						
意志力						
热情度						
礼仪礼貌与人品表现						
其他						
综合评价						

填表部门：　　　　　　填表人：　　　　　　填表日期：

程控表单 32.　　员工培训后工作作风测评表

______部门：

自______年____月____日至____月____日，你部门______先生/小姐的培训告一段落，现对其培训后工作作风进行调查，以便安排进一步的培训，请你部填写下表，并于______年____月____日前交人力资源部经理。

特谢！

测 评 项 目	评　定
1. 工作流程	
了解工作流程的意义	
学会上下合作、横向合作	
了解同事和睦相处的重要性	
团队精神明显增强	
做事有始有终	
2. 对指令、标准的认知	
了解指令、标准的重要性	
立即记下指令、标准	
正确理解指令、标准	
未发生遗忘指令、标准的行为	
严格执行指令、标准	
3. 工作态度	
准时或提前到岗	
珍惜工作时间，随时做事不偷闲	
整理现场后方离开	
工作态度端正	
精神饱满，阳光满面	
4. 报告与复命	
了解及时报告与复命的重要性	
报告条理清晰，思维敏捷	
及时报告或复命	
对工作中的困难，能主动提出解决办法	
勇于承担责任	
5. 个性表现	

续表

测评项目	评定
仪表仪容整洁,符合标准	
礼貌而且热情	
勤于学习	
面对客人胆大心细,不因任何原因失态	
虚心接受批评,并能承受指责	

10. 员工绩效考评

员工考评的方式方法很多。有时候,与其说是考评,不如说是一次交流,所以,千万不能以审讯的态度待之,而应反过来,共同完成提问和回答,并在这个过程中,不断达成共识。

这里提示两类考核表,一个是日常型的(包括两个,部门可以根据情况选择其一,建议选择第一个),一个是季度的。通过这类考评,直接接触员工的内心世界,共同享受一个建设平台的过程,无论对经营还是管理,都将非常有意义。

考评开始前10天,人力资源部做好准备工作,成立考评小组;5日前下达考评通知,各部门做好考评准备。然后,就可以实施考评了。考评结果当然可以通过一定的渠道,如恳谈、个别查询等,得以告知,并声明可以就其中问题,向人力资源部申诉。人力资源部应利用相关资源,给予认真回复。当然,员工还可以进一步越级上诉。

程控表单33.　　员工日常考核表(一)

姓名:__________　部门:__________　考核时间:__________

考核项目	绩效成绩				得分
	杰出表现 (71~80)	超出标准 (66~70)	满意 (57~65)	尚可 (51~56)	有待改进 (20~50)
(1)有效掌握时间及工作,准时完成工作;了解工作流程的先后顺序;自己订有工作短程计划。 (2)表现出高度服务热情,自动自发;订有挑战性的工作目标;主动学习与工作相关的知识;遇有问题愿意自行解决。					

续表

	杰出表现 (71~80)	超出标准 (66~70)	满 意 (57~65)	尚 可 (51~56)	有待改进 (20~50)
(3)与同仁工作相处融洽，协助同仁；关切同仁需求，给予适时的帮助，使该单位及同仁因而受益。					
(4)支持公司管理层的决策，随时接受工作变动的挑战；可以改变工作顺序，接受新的工作伙伴，也能接受批评及指导。					
(5)在很少的主管监督下，可独立作业；根据工作指示建立作业流程，很少出问题；工作表现很有效率；在不寻常或困境下能充分表现其专业化。					
(6)遵守员工手册的规定；不缺勤，养成准时的习惯；不用公家电话打私人电话；有礼貌，保持乐观心态而从不迁怒他人或无端抱怨。					

考核人：__________　　考核总分：__________

程控表单 34

员工日常考核表(二)

类 别	要 素	分 值	评分标准				
			优秀	良好	较好	合格	较差
业绩考核(60分)	工作效率	12	12	10	6	1	0
	工作质量	12	12	10	6	1	0
	工作改进与改善状况	12	12	10	6	1	0
	指导与教育	12	12	10	6	1	0
	工作的严密性	12	12	10	6	1	0
能力考核(30分)	基本知识	3	3	2.5	1.5	0.5	0
	基本技能	3	3	2.5	1.5	0.5	0
	理解能力	3	3	2.5	1.5	0.5	0
	判断能力	3	3	2.5	1.5	0.5	0
	创新能力	3	3	2.5	1.5	0.5	0
	计划能力	3	3	2.5	1.5	0.5	0
	表达能力	3	3	2.5	1.5	0.5	0
	协调能力	3	3	2.5	1.5	0.5	0
	管理能力	3	3	2.5	1.5	0.5	0
	指导能力	3	3	2.5	1.5	0.5	0

续表

类别	要素	分值	评分标准				
			优秀	良好	较好	合格	较差
态度考核（10分）	积极性	2	2	1.5	1	0.5	0
	责任感	2	2	1.5	1	0.5	0
	合作意识	2	2	1.5	1	0.5	0
	服从意识	2	2	1.5	1	0.5	0
	成本意识	2	2	1.5	1	0.5	0
合计		100					

程控表单35.　　员工（季/年度）考核成绩表

姓名	职位	部门	考核期间	考核日期	入职日期	试用考核	例行考核
内容	考核项目				本人评分	主管评分	最后得分
工作或专长	1.						
	2.						
	3.						
	4.						
	5.						
	6.						
训练或特殊贡献							
工作态度							
综合							

直属主管　　　　　　员工　　　　　　部门经理

二、管理人员评估

1. 自我检查

"吾日三省吾身"，就是要不断地确定我们在执行管理，并且很明确地知道如何管理，一个月做一次自我检查，一定对你有所帮助。利用下列问题，以及我们能想到的任何问题，来反省自己在这一个月里的作为。

这个评估,可以通过公司组织,统一进行;也可以以部门、班组,或个人形式进行,但公司人力资源部至少在一年内要组织一次,并将相关信息与后边的同事评估的结果相对比,发现两者之间的差距,找出进步的新起点,再通过恳谈的方式,进行交流。

程控表单 36.　　　　　　　　　经理自查表

自从上次做过这个检查表以来,我——

(1)达到了我所预期的本月目标或目的了吗? □是 □否

(2)清楚了解我往后 6 个月的目标或目的了吗? □是 □否

(3)建立了适当计划以达到我目前的目标或计划了吗? □是 □否

(4)决定了下一周我要完成什么事了吗? □是 □否

(5)还牢记着往后 5 年要达到什么目标吗? □是 □否

(6)还牢记着我余生要达到什么目标吗? □是 □否

(7)做的事和产生的结果都有助于完成我的长程计划吗? □是 □否

(8)专心致志于我认为重要的,而不是容易做的,或只有短期利益的事了吗? □是 □否

(9)以我的"成就",而非"多么辛苦"来评断我自己吗? □是 □否

(10)停止了没有效率的活动了吗? □是 □否

(11)花了足够的时间在规划设计上了吗? □是 □否

(12)尽可能将工作分配出去了吗? □是 □否

(13)有系统地监督(控制)我团队的工作了吗? □是 □否

(14)时时提醒自己我的时间成本了吗? □是 □否

(15)采取行动改进我管理的方法了吗? □是 □否

(16)采取必要的行动以确保工作压力不要过大了吗? □是 □否

(17)尽我一切所能使我团队成员都能从工作中得到满足感了吗? □是 □否

(18)能否给部属以一个有品质的领导形象吗? □是 □否

(19)留意到部属的现场表现了吗? □是 □否

(20)给每一位部属适当的反馈机会了吗? □是 □否

(21)注意到组织内每一件会影响我及我团队的事情了吗? □是 □否

(22)越来越有信心及资源来发挥我的影响力了吗? □是 □否

(23)努力使我的会议更有效率了吗? □是 □否

(24)改进我与人的沟通方式了吗? □是 □否

(25)给我上级适当的支援了吗? □是 □否

(26)从我上级那儿得到满意的支援了吗? □是 □否

(27)让我上级察觉到我的成就和雄心了吗？ □是 □否

(28)做了任何特别的事以使我自己不断长进了吗？ □是 □否

(29)言行一致，兼顾公平与道德了吗？ □是 □否

(30)反省了我喜欢，又做得特别好的事情了吗？ □是 □否

(31)反省了我不喜欢，做得不好，但想好了未来改进的方法吗？ □是 □否

(32)专心致志于将来怎样改进，而不是一味哀叹过去的错误吗？ □是 □否

(33)身为管理人员，不断学习新的管理技巧了吗？ □是 □否

(34)平时做过类似的检查表吗？ □是 □否

(35)还有什么问题要自我检查的？（请写下）______________________________。

2. 同事之间或上级对下级考评

顾名思义，这是相对于自我评估制定的考评办法，目的是据此了解一下他人对你的认识，以帮助我们重新确立自己的定位。定位非常关键，而且，这项工作绝不是你个人所能承担得了的，必须放到团队工作实践中，才有意义。

同事考评的执行，一般以人力资源部为核心，面向全体同级别及其以上级别人员落实；参评人数不能低于 5 人；如果同级别人员与其上级人数之和低于 5 人，应邀请直管下属代表参加，以使之有效。

本项考评，每年至少进行两次，并存入当事人档案。

注意，以下权重分值因为职位级别不同而有差异，但同一级别被考绩人的各项权重等值；每一个被考绩人的各项权重等值，可确保相互比较时的准确性。一般情况下，权重分值均可以设定为 2，即“很重要”。

再有一点，就是要尽量避免“个人印象”、“私人关系”、“个性”等因素的影响（完全避免是不现实的），即避免出现“你觉得”、“你认为”、“你是否愿意”等方向性的引导。

程控表单 37. **经理考察表（一）**

姓名：__________ 职位：__________ 部门：__________ 日期：__________

（考核项目）	（评分标准）	×	（权重分值）	=	小计
1. 工作方法（了解工作先后顺序，自行设定工作目标，分析问题，解决问题，有工作热情）	不满意＝5 尚　可＝6 满　意＝7 很　好＝8 很杰出＝9		4＝非常重要 2＝很重要 1＝有些重要	＝	

续表

(考核项目)	(评分标准)	×	(权重分值)	=	小计
2. 知识(技术、专业)	不满意=5 尚　可=6 满　意=7 很　好=8 很杰出=9		4=非常重要 2=很重要 1=有些重要	=	
3. 自主性(自动自发、机智、有决断力)	不满意=5 尚　可=6 满　意=7 很　好=8 很杰出=9		4=非常重要 2=很重要 1=有些重要	=	
4. 员工督导(产品的品质及数量控制、纪律、组织力、亲和力及工作指导)	不满意=5 尚　可=6 满　意=7 很　好=8 很杰出=9		4=非常重要 2=很重要 1=有些重要	=	
5. 人员沟通(合作性、影响力及自我表达能力)	不满意=5 尚　可=6 满　意=7 很　好=8 很杰出=9		4=非常重要 2=很重要 1=有些重要	=	
6. 个人工作质量	不满意=5 尚　可=6 满　意=7 很　好=8 很杰出=9		4=非常重要 2=很重要 1=有些重要	=	
7. 个人工作量	不满意=5 尚　可=6 满　意=7 很　好=8 很杰出=9		4=非常重要 2=很重要 1=有些重要	=	
8. 为人正直、对公司忠诚	不满意=5 尚　可=6 满　意=7 很　好=8 很杰出=9		4=非常重要 2=很重要 1=有些重要	=	

标准得分×权重分值=总分________　考评人:________　日期:________

注:如无特别说明,管理人员的基本权重分值设为2。

3. 同事之间或民主(下级对上级管理人员)测评

这个测评,是对于上边的"自我检查"与"同事或上级考评"的补充,旨在增强评估的完整性和准确度,同时,也给被测评者提供一个表达建设性意见的机会,以改善和提高公司经营管理水平。

程控表单38. 经理考察表(二)

姓名			职务		任期				
分类	序号	评价内容			满分	1次	2次	调整	决定
领导能力	1	能否率先垂范			5				
	2	遭遇困难时,能否沉着果断地指挥			2.5				
	3	能否公正、冷静地对待部属			2.5				
	4	部属是否充满朝气			2.5				
	5	能否受到部属的坚定信赖			2.5				
部属培养	6	能否明确部属的优缺点			2.5				
	7	能否从旁帮助、建议,发挥部属优点			2.5				
	8	能否适才使用			5				
	9	能否引发部属思考			2.5				
	10	是否仔细聆听部属意见			2.5				
士气	11	是否注意自己与部属的身体健康			2.5				
	12	能否恰当地花钱			5				
	13	是否热心于部门内部的意见沟通			2.5				
	14	是否积极投入到公司战略的实施中			2.5				
	15	能否在团队中充当精神领袖的角色			5				
目标完成	16	能否根据公司方针拟订部门目标			2.5				
	17	有无尽全力完成目标			7.5				
	18	是否坚持保质、高效地完成目标			7.5				
	19	完成目标过程中,能否严守时限			2.5				
责任感	20	完成目标过程中,能否随机应变			2.5				
	21	能否站在公司高度发言、提议			2.5				
	22	能否以长远眼光制定计划			2.5				
	23	能否以公司立场制定计划			5				
	24	能否与其他部门合理交流			2.5				

续表

姓 名		职 务		任 期				
分 类	序 号	评 价 内 容		满分	1次	2次	调整	决定
自我开发	25	能否积极主动地与其他部门协调		2.5				
	26	能否积极地培养自己的创造性		2.5				
	27	能否虚心听取部属或晚辈意见、建议		2.5				
	28	能否经常吸取新知识、新技术		2.5				
	29	是否不怠于对未来的预测		2.5				
	30	为了改善,能否敢于抛弃前例		5				
评分合计				100				
本人意见	签名:							

三、综合管理考评

相对于以上考评的“软性”,这里的考评将趋于“刚性”,即要在量化的层面上进行,并深度影响当事人的年度考绩结果,与年终奖金、聘任、晋级、新的发展定位等直接挂钩。

注意,这里指标的设计,是针对一个相对成熟的管理团队制定的;不同成熟期的管理团队,可以采取不同的指标,或增删一些项目。

还要提醒一点,“经营指标”是“结果指标”,其他如“员工培训”、“员工恳谈”、“员工活动”、“卫生”、“安全”等指标则是“过程指标”,过程指标是本,结果指标是末,不能本末倒置。一些高级经理或一般经理喜欢用“我只对结果感兴趣”,其实危害极大,其一,可能引导短期行为,看倒车镜开车;其二,形成对经营体系(完整性)的漠视,以为“一俊可以遮百丑”,导致个人英雄主义,使经营体系趋于崩溃。要知道,90%的问题,都来自体系,而非个人。因此,企业运作的真功夫,正在于能否建立起一个体系,而非出现几个英雄。对以往的所有考评指标的设定,也一样要遵循此原则。

程控表单39.　　　　　　　　公司服务工作状态调查表

(1)本调查的目的,在于衡量组织内部不同部门之间如何对各自的要求进行有效的合作。它将人们对内部需求的服务满足的认识进行了量化。

(2)问题30到47与前面的问题有关,可以在比较中分析出对服务、质量、及时性和责任性等方面认识上的差别,具体对应关系如下:

1-30　2-31　3-32　4-33　6-34　7-35　8-36　9-37　10-38　11-39　12-40　13-41　14-42　15-43　16-44　19-45　20-46　21-47

(1)请指出下列部门对你们的业务需求进行答复的程度。

部门	很满意	满意	不太满意	很有限	不适用
a.—	1	2	3	4	5
b.—	1	2	3	4	5
c.—	1	2	3	4	5
d.—	1	2	3	4	5

评述:

(2)每一个部门给你提供的产品或服务质量能达到何种程度?

部门	很满意	满意	不太满意	很有限	不适用
a.—	1	2	3	4	5
b.—	1	2	3	4	5
c.—	1	2	3	4	5
d.—	1	2	3	4	5

评述:

(3)其他部门在预先决定对你们所提供的产品和服务的质量标准能达到何种程度?

部门	很满意	满意	不太满意	很有限	不适用
a.—	1	2	3	4	5
b.—	1	2	3	4	5
c.—	1	2	3	4	5
d.—	1	2	3	4	5

评述:

(4)服务完成的及时性如何?

部门	非常满意	满意	不太满意	很有限	不适用
a.—	1	2	3	4	5
b.—	1	2	3	4	5
c.—	1	2	3	4	5
d.—	1	2	3	4	5

评述：

(5)当你和其他部门发生争执时，知道找谁来解决问题。

部门	完全满意	满意	不太满意	很有限	不适用
a.—	1	2	3	4	5
b.—	1	2	3	4	5
c.—	1	2	3	4	5
d.—	1	2	3	4	5

评述：

(6)你对其他部门的人员了解到什么程度？例如，你们之间如何会互相影响工作？

部门	非常满意	满意	不太满意	很有限	不适用
a.—	1	2	3	4	5
b.—	1	2	3	4	5
c.—	1	2	3	4	5
d.—	1	2	3	4	5

评述：

(7)你认为其他部门对你和你的问题、困难、障碍了解到什么程度？

部门	很令人满意	满意	不太满意	很有限	不适用
a.—	1	2	3	4	5
b.—	1	2	3	4	5
c.—	1	2	3	4	5
d.—	1	2	3	4	5

评述：

(8)你认为其他部门的人员在帮助你解决问题时的积极程度如何？

部门	很令人满意	满意	不太满意	很有限	不适用
a.—	1	2	3	4	5
b.—	1	2	3	4	5
c.—	1	2	3	4	5
d.—	1	2	3	4	5

评述：

(9)当产生问题时,双方解决问题的合作程度怎样?

部门	很令人满意	满意	不太满意	很有限	不适用
a.—	1	2	3	4	5
b.—	1	2	3	4	5
c.—	1	2	3	4	5
d.—	1	2	3	4	5

评述:

(10)其他部门在认识并防止可能发生的问题时的积极程度如何?

部门	很令人满意	满意	不太满意	很有限	不适用
a.—	1	2	3	4	5
b.—	1	2	3	4	5
c.—	1	2	3	4	5
d.—	1	2	3	4	5

评述:

(11)其他部门同你共同计划以避免潜在问题的程度如何?

部门	很令人满意	满意	不太满意	很有限	不适用
a.—	1	2	3	4	5
b.—	1	2	3	4	5
c.—	1	2	3	4	5
d.—	1	2	3	4	5

评述:

(12)总的说来你对其他部门提供的服务的满意程度如何?

部门	很令人满意	满意	不太满意	很有限	不适用
a.—	1	2	3	4	5
b.—	1	2	3	4	5
c.—	1	2	3	4	5
d.—	1	2	3	4	5

评述:

(13)在你的工作成果中,其他部门工作的价值作用如何?

部门	很有价值、关键	比较有价值、必要	很少或无价值	是阻碍	不适用
a.—	1	2	3	4	5
b.—	1	2	3	4	5
c.—	1	2	3	4	5
d.—	1	2	3	4	5

评述:

(14)你认为其他部门在改进他们的内部服务效果方面做得怎样?

部门	很令人满意	满意	不太满意	很有限	不适用
a.—	1	2	3	4	5
b.—	1	2	3	4	5
c.—	1	2	3	4	5
d.—	1	2	3	4	5

评述:

(15)与其他部门的交流的效果及其对你的意义的程度如何?

部门	很令人满意	满意	不太满意	很有限	不适用
a.—	1	2	3	4	5
b.—	1	2	3	4	5
c.—	1	2	3	4	5
d.—	1	2	3	4	5

评述:

(16)你认为其他部门在计划他们的工作以便更能满足你的服务要求方面做得怎样?

部门	很满意	满意	不太满意	很有限	不适用
a.—	1	2	3	4	5
b.—	1	2	3	4	5
c.—	1	2	3	4	5
d.—	1	2	3	4	5

评述:

(17)在对你的部门的整体服务中,哪三个部门提供了最好的服务?

a. — b. — c. —

(18)在对你的部门的整个服务中,哪三个部门提供了最差的服务?

a. — b. — c. —

(19)你认为在为满足内部服务而明确制定目标和标准时,其他部门做得怎样?

部门	很令人满意	满意	不太满意	很有限	不适用
a. —	1	2	3	4	5
b. —	1	2	3	4	5
c. —	1	2	3	4	5
d. —	1	2	3	4	5

评述:

(20)你认为其他部门的领导者在为你的内部需求提供服务时作决定的自由程度如何?

部门	很令人满意	满意	不太满意	很有限	不适用
a. —	1	2	3	4	5
b. —	1	2	3	4	5
c. —	1	2	3	4	5
d. —	1	2	3	4	5

评述:

(21)组织结构清晰且有利于部门间的内部服务吗?

非常同意	较同意	不太同意	非常不同意	不知道
1	2	3	4	5

评述:

(22)在这个组织中,我们也承担其他部门的责任。例如,如果一个部门失败,那我们就全完了。

1 2 3 4 5

评述:

(23)我清楚地知道我的工作和为我们的内部要求提供服务的其他部门的工作之间的关系。

1 2 3 4 5

评述:

(24)我们部门人员常被鼓励为其他部门提供最优的服务。

1 2 3 4 5

评述:

(25)奖励制度反映了内部服务的质量、及时性和有效性。

1 2 3 4 5

评述:

(26)其他部门的普通工作人员对待我们的要求与他们本部门的要求一样尽心尽力。

1 2 3 4 5

评述:

(27)在这个组织中高级管理人员明显并积极地提供部门间的合作。

1 2 3 4 5

评述:

(28)高级管理阶层对这次调查结果将作有效的处理,发现所存在的问题。

1 2 3 4 5

评述:

在下一部分问卷中,请对自己的部门进行评判。这两部分的结果相比可发现在不同层次之间提供的产品和服务是否有明显的差别以及是否有改进的机会。

(29)指出你的部门对其他部门的要求的反应程度。

非常令人满意	满意	不太满意	很有限	不适用
1	2	3	4	5

评述:

(30)你的部门对满足其他部门的需要的服务的质量如何?

1 2 3 4 5

评述:

(31)你的部门预先决定为其他部门所提供服务的标准的程度如何?

1 2 3 4 5

评述:

(32)你为其他部门提供服务的及时程度如何?

1 2 3 4 5

评述：

(33)其他部门对你部门的工作的了解程度如何？例如，你们之间及你们的工作是如何相互影响的？

1　　2　　3　　4　　5

评述：

(34)你认为你部门对其他部门及他们的问题、困难和障碍的了解程度如何？

1　　2　　3　　4　　5

评述：

(35)你部门在帮助其他部门解决问题时的积极程度如何？

1　　2　　3　　4　　5

评述：

(36)当与其他部门出现问题时，你努力达到令双方都满意的解决办法的程度如何？

1　　2　　3　　4　　5

评述：

(37)你的部门在认识并避免与其他部门发生问题时的积极程度如何？

1　　2　　3　　4　　5

评述：

(38)你的部门在预先处理与其他部门可能会发生的问题方面做得怎样？

1　　2　　3　　4　　5

评述：

(39)总体来说，你认为其他部门对你的服务的满意程度如何？

1　　2　　3　　4　　5

评述：

(40)你认为你们部门在其他部门的工作成就中的作用如何？

非常重要、关键性的	很重要、必要	无价值	阻碍	不适用
1	2	3	4	5

评述：

(41)你认为你部门在改进内部服务效果方面做得如何？

非常满意	满意	不满意	有限	不使用
1	2	3	4	5

评述：

(42)你认为你部门与其他部门的交流对他们的意义和有效程度如何?

1　　2　　3　　4　　5

评述:

(43)你认为你部门在为改进对其他部门的服务方面,计划作得如何?

1　　2　　3　　4　　5

评述:

(44)你认为在何种程度上你部门清楚地定义了对内部顾客服务的目标和标准?

1　　2　　3　　4　　5

评述:

(45)你认为涉及到内部顾客的有关决定的执行效果如何?

1　　2　　3　　4　　5

评述:

(46)你认为你的部门负责人在作有关内部顾客的服务的决定时的自由程度如何?

1　　2　　3　　4　　5

评述:

程控表单40.　　**管理人员综合指标考绩表**

姓名		部门	职位	期间	日期
考绩项目	权重	内容说明		标准	得分
经营效果	40%	1. 对完成GOP或利润指标的贡献 说明:(1)此为团队指标;(2)指标根据董事会文件确定,作为董事会对业务公司或部门的考核项目,并因此决定个人与公司的总奖励金额;(3)公司参照此指标考核时,经营岗人员按内定单项指标完成情况核计,具主导性;非经营岗人员按经营岗平均值核计,具从属性;(4)市场或物价因素调整范围为±5%。		(1)完成85%以下者得0分 (2)完成86%~95%者得30分 (3)完成96%~99%者得35分 (4)完成100%以上者得40分	

续表

姓名	部门	职位	期间	日期
考绩项目	权重	内容说明	标准	得分
培训	20%	2. 完成120课时/年员工培训项目的设计、组织工作 说明:公司人力资源部组织各部门经理,为所有员工设立120课时/年度的培训计划,并督促落实,形成考绩记录,进行评估。	(1)完成85%以下者得0分 (2)完成86%~95%者得5分 (3)完成96%~99%者得10分 (4)完成100%以上者得10分	
		3. 参加100课时/年的培训 说明:管理人员参加人力资源部组织实施的培训课程,形成考绩记录,进行评估。	(1)不能主动参加且未完成培训课时者得0分 (2)主动参加且完成培训课时者得5分	
		4. 宣讲、征集并编辑24个/年服务或管理案例 说明:征集案例是实施以人为本的细节管理的基本手法;公司组织"服务案例小组",部门经理直接落实现场案例的征集、选编,并在培训中应用,再择优送交公司"案例小组"。	(1)未完成分配指标者得0分 (2)完成分配指标者得5分	
服务质量	20%	5. 专家/内部管理质量检查达标 说明:(1)外聘专家暗访评分;(2)内部标准检查。	(1)达标率低于85%者得0分 (2)达标率为86%~95%者得8分 (3)达标率高于96%者得10分	
		6. 宾客/员工满意度调查达标 说明:(1)委托专业公司执行;(2)内部问卷调查。	(1)达标率低于85%者得0分 (2)达标率为86%~95%者得8分 (3)达标率高于96%者得10分	
员工恳谈	10%	7. 完成员工恳谈活动的质与量 说明:恳谈制度要逐级落实到每一个成员,并提交恳谈报告;公司根据有效报告确定达标率。	(1)完成率低于85%者得0分 (2)完成率为86%~95%者得8分 (3)完成率高于96%者得10分	

续表

姓名	部门	职位	期间	日期
考绩项目	权重	内容说明	标准	得分
员工活动	10%	8.组织员工活动的质与量 说明:公司确定计划,据此将责任落实到部门,再根据部门经理完成情况确定达标率。	(1)完成率低于85%者得0分 (2)完成率为86%~95%者得8分 (3)完成率高于96%者得10分	
卫生与安全状况	100%	9.未出现重大卫生、安全事故 说明:(1)重大卫生事故指同时发生3人以上食物饮品中毒的事故;(2)重大安全事故指造成经济损失一万元以上,或一人以上受轻度及以上伤害的事故(重点是火灾或抢劫偷盗等)。	(1)部门出现事故扣10分 (2)部门在日常卫生、安全检查合格率低于90%扣5分 (3)部门未发生事故得0分	

四、员工晋级评估与管理人员梯队建设

公司发展的实质,是每一个公司成员的发展。因此,我们将进行职业生涯规划,以为更多的合格人才,提供更多、更大的发展空间。

这是每一个管理人员必须认真对待的问题。尽管公司要选拔什么人,可能不是由你直接决定的,但如果你不能培养出自己的一个或多个接班人,那么,你的进步就将受到牵制。所以,培养后备力量,就是你的基本工作之一。

同时,为了确保储备人才的工作有效进行,公司应成立以总经理为核心、以人力资源部为执行主体的考评小组,落实目标表现评估、编制发展计划等相关工作。

1.员工晋级评估

对每一位准备提升的员工或管理人员,都须进行评估。通过评估,可以逐步明确我们进行选拔及个人进行自我修正的方向,有利于整体工作的效率和效果。

要反对两种倾向,一是对员工晋升实施暗箱操作、神秘管理;二是重观察少指导,采取模糊管理方式。这些,都不利于人才梯队的建设。

程控表单 41

员工晋级考评表

姓　名			性　别		年　龄	
学　历			专　业		职　位	
上一年度考核结果						
以下由考核小组评定/填写						
工作经验	标准	5 年以上	4 年以上	3 年以上	2 年以上	1 年以下
	分值	10	8	5	3	0
	实得					
领导潜力	标准	强	有潜力	需提高	弱	不具备
	分值	10	8	5	3	0
	实得					
执行政策与标准	标准	全面	大部分	部分	小部分	不贯彻
	分值	10	8	5	3	0
	实得					
业务能力	标准	强	有潜力	需提高	弱	不具备
	分值	10	8	5	3	0
	实得					
工作态度	标准	很好	好	一般	差	很差
	分值	10	8	5	3	0
	实得					
建议能力	标准	强	有潜力	需提高	弱	不具备
	分值	10	8	5	3	0
	实得					
创新能力	标准	强	有潜力	需提高	弱	不具备
	分值	10	8	5	3	0
	实得					
培训能力	标准	强	有潜力	需提高	弱	不具备
	分值	10	8	5	3	0
	实得					
发展潜力	标准	知识智慧	解决问题	判断力	主见果断	
	分值	10	8	5	3	
	实得					

续表

总分					
现部门直属上级意见					
现部门经理意见					
人力资源部经理意见					
评 定 结 论					

注:各分项目考核总分 80 分,"上一年度考核结果"及其他评价占 20 分权重。

2. 内训师/高级服务人员/梯队培养对象

任何管理人员,都应首先是培训员,因为培训是一切管理的核心内容之一。因此,我们在进行干部培养时,必须高度重视内训师队伍的建设、人才培养和甄选。

一般,我们可以将"内训师"设计为"高级服务人员",并制定政策,规定内部晋级优先从"内训师"中确定人选。

程控表单 42. **内训师/培训效果评估表**

评估日期:

培训主题		培训日期	
内 训 师		培训地点	
关于培训课程内容			
□特别有用(立即发挥作用) □有用(将来将发挥作用) □ 一般,因为: □不适合我目前的工作 □已经知道 □虽然有用,但不被允许用 □没有针对我的需要			
关于内训师与培训技巧			
□特别好(方法得当,回答了我的所有困惑) □好(方法基本满意,基本回答了问题) □一般(培训方法的目的性不强,有些问题没有解决) □差(采取的培训方法没有意义,大部分问题没有答案)			

续表

关于细节					
细节项目	根本没有	稍微做了	中等	相当好	完全
1. 授课准备充分	□	□	□	□	□
2. 资料准备充分	□	□	□	□	□
3. 现场组织	□	□	□	□	□
4. 讲解要点突出	□	□	□	□	□
5. 主题知识丰富	□	□	□	□	□
6. 资料完整、易用	□	□	□	□	□
7. 资料新颖,有挑战性	□	□	□	□	□
8. 讲解轻松、清楚、易懂	□	□	□	□	□
9. 辅助材料(电脑、图片等)运用得当	□	□	□	□	□
10. 细节有用,与实际工作紧密结合	□	□	□	□	□
11. 鼓励参与	□	□	□	□	□
12. 保持现场活跃气氛	□	□	□	□	□
13. 内训师仪表仪容得体	□	□	□	□	□
人力资源部意见					
总经理意见					

程控表单 43.　　　　　　　　管理人员培训心得一览表

归档编号:

姓名		部门		职位	
主题					
内容简介					
时间		地点		形式	
学费		资料费		交通食宿	

续表

培训前工作问题	
培训前思想问题	
培训后工作改进	
培训后观念改变	
总经理批示	

提交人： 提交日期：

注：本表将归入个人档案，并作为年度考评跟进的基本资料。

3. 管理人员储备

程控表单 44. 管理人员储备表

档案编号： 建档日期：

姓名		年龄		入职时间		现任职务	
上次评估结果	特优□ 优□ 良□ 中□ 差□						
目前业绩	特优□ 优□ 良□ 中□ 差□						
进步程度	特优□ 优□ 良□ 中□ 差□						
培训能力	特优□ 优□ 良□ 中□ 差□						

续表

<table>
<tr><td>姓名</td><td></td><td>年龄</td><td></td><td>入职时间</td><td></td><td>现任职务</td><td></td></tr>
<tr><td colspan="2">主要特长</td><td colspan="6"></td></tr>
<tr><td colspan="2">主要弱点</td><td colspan="6"></td></tr>
<tr><td colspan="8">部门经理建议</td></tr>
<tr><td colspan="2">首次可晋级为</td><td colspan="3"></td><td colspan="2">拟晋级时间</td><td></td></tr>
<tr><td colspan="2">所需培训</td><td colspan="6"></td></tr>
<tr><td colspan="2">再次可晋级为</td><td colspan="3"></td><td colspan="2">拟晋级时间</td><td></td></tr>
<tr><td colspan="2">所需培训</td><td colspan="6"></td></tr>
<tr><td colspan="8">人力资源部经理意见</td></tr>
<tr><td colspan="2">首次可晋级为</td><td colspan="3"></td><td colspan="2">拟晋级时间</td><td></td></tr>
<tr><td colspan="2">所需培训</td><td colspan="6"></td></tr>
<tr><td colspan="2">再次可晋级为</td><td colspan="3"></td><td colspan="2">拟晋级时间</td><td></td></tr>
<tr><td colspan="2">所需培训</td><td colspan="6"></td></tr>
<tr><td colspan="8">总经理意见</td></tr>
<tr><td colspan="8"></td></tr>
</table>

课后思考与练习

1. 草拟“关于员工服务资格培训与考核办法通知”，就员工等级考评工作进行安排。

2. 进行一次“员工绩效考评”，并进行分析，提交一份工作改进报告。

3. 进行一次“管理人员民主评议”，并进行分析，提交一份工作改进报告。

4. 谈一谈你对内训师与管理人员储备工作的认识。

第七讲 “程控表单”的无限空间

导 言

总经理及其专业服务经理人团队，是遵循并实践“给人方便，给人自信，给人欢喜”方针的领头人。

为此，他们必须获得种种有用（非所有）、真实（非假象）、适时（非过时）的信息。

这些信息的获得，首先在于主动征询，包括通过非正式渠道、正式渠道，而最有效的获致工具，当属“程控表单”了。

一、何谓“程控表单”

程控表单，就是具有流程控制功能的表格或单证。

一般的表单，都具有这样的功能。它形式上非常简单，但内涵却非常丰富，如同一份工作的“简历表单”，看很简单，但如果你沿着它的提示一一做下去，那么，主要的工作程序和结果已经浓缩在方寸之间。

服务管理需要这个工具，以维持其流程的完整性。

专业服务经理人需要这个工具，以求有成效地把握一个流程的进展。

当然，越是简单的事情，做起来越有难度。例如，一份酒店的“市场销售报告”表单，其中一栏内要填入“接待人次数”的数字。这看似很简单，但为完成此项数字，我们必须建立起一个获得这个数字的体系，包括前厅服务的体系，如预订、看护照、登记、复印相关资料，资料合并、分类、分析，以及核实和确认等环节。还要有部门之间的沟通配合,如预订部、总台的信息沟通,经过财务部的确认,最后由市场销售部使用,写入表单里。

程控表单体系的建设,是要循序渐进的,其建设过程本身,就是建立、完善服务体系的过程。

在具体做法上,可以采取"日有所进"的方式,逐步建立起以程控表单为框架的管理体系:

(1)每发现一个问题,首先考虑能否用表单的形式加以解决。

(2)如果可以,立即构思、编制表单,并明确操作办法。

(3)放置一周,然后拿出来重新判断其使用价值。如果可行,进行修改。

(4)形成执行方案,内部服务管理者传阅,提出修改意见并论证和修改。

(5)内容确定后行文公布执行。

我们在前面已经使用了40多个程控表单,接下来,我们以高级酒店的服务管理为例,制作并列举一些程控表单,供一些服务企业管理参考。

二、"程控表单"总汇

1. 服务质量标准执行力

程控表单45.　　酒店服务质量标准执行力评估表(前台部分)

报告日期:　　　　　　　　　部门:

维度	定义	序号	标准	评估结果
服务可靠度	严格按承诺提供规范服务。	1	服务是否及时?	
		2	改正错误能否迅速?	
		3	做事是否始终如一?	
		4	结账等服务是否准确?	
		5	出品、桌面或柜台服务是否符合标准,且迅速?	
小计(1)				

续表

维度	定义	序号	标准	评估结果
服务可信度	对知识、礼仪把握适度，在沟通中显示出信任与自信。	1	能否完整地回答客人问题	
		2	能否让客人在进门（餐厅、酒吧、商场、大堂、办公室等）时感到舒适，并立即获得热情和重视的接待？	
		3	能否主动（微笑着）提供房单、餐单、酒单等单据，或展示商品，介绍产品，如房间状况或菜肴成分、加工方法信息等？	
		4	能否给客人以安全感？	
		5	后台在卫生、安全管理方面是否细致入微？	
		6	员工是否表现出有教养、职业性和服务经验？	
		7	管理者（上级）支持员工（下级），使之很好地完成工作。	
小计(2)				
员工机敏度	乐于帮助客人，并能竭尽全力，提供快捷服务。	1	不同部门经理、员工之间能否把握"角色"意识，而非"个人"意识，互助合作，保证服务速度、质量和宾客满意？	
		2	能否时时提供快捷服务，而非需要催促？	
		3	能否竭力满足客人的特殊需求，态度热情，从不说"不"？	
小计(3)				
有形服务完美度	仪容仪表、设施、设备、环境维护状况等良好。	1	建筑外观、停车场、庭园、办公区域、设备用房、各类库房、工作间、员工区域标志是否醒目？环境是否整洁有吸引力？	
		2	餐厅分区、商场、通道等是否醒目，有吸引力？	
		3	员工能否保持着装整洁、美观、合适？	
		4	装修、装饰、布局、陈设档次是否与价格相符？	
		5	菜单、宣传品是否醒目、完好，有吸引力，符合公司形象？	
		6	各出入口是否便利、顺畅、整洁，环境宜人？	
		7	客房、餐厅、卫生间、商场、办公室等各类服务场所前后台是否整齐、清洁？	
		8	能否时时保持床铺、座椅、桌面、车、文印设备、电脑、货架等整洁、舒适，且在布置上体现高雅与热情，富有人性化？	

续表

维 度	定 义	序号	标 准	评估结果
小计(4)				
无形服务充实度	无微不至，有针对地对应客人个性。	1	能否时时微笑？	
		2	能否主动、细心体察，预料到客人个人需求、愿望，而非呆板地从属于规范、制度？	
		3	能否让每位客人都感到受到特别礼遇？	
		4	能否为每一过失细节负责，表示歉意、同情，并保证事不过二？	
		5	能否以顾客获得最大利益为己任？	
小计(5)				
合计：(1)+(2)+(3)+(4)+(5)=				

报告人：　　　　　　　　　签发人：

程控表单 46.　　酒店服务质量标准执行力评估表(后台部分)

报告日期：　　　　　　　　　部门：

维度	定义	序号	标 准	评估结果
整理	按常用、一般、少用、基本不用的顺序，进行资源布置。	1	办公室桌、椅、物品等是否摆放整齐？	
		2	办公区是否通道畅通，无杂物？	
		3	办公区域通风是否良好，空气是否清新？	
		4	是否按规定配备足够消防器材、安全指引等安全措施？	
		5	资料是否按归档规则加以归类，并有明显标识？	
		6	常用文件是否容易取出？归位文件柜是否明确管理责任人？	
		7	电脑文件是否合理归档？或存储的文件是否能快速找到？	
		8	报纸是否整齐排放，隔期报纸是否有处理规则并按规则处理？	
		9	桌面茶杯、文具盒、私人装饰品是否摆放整齐？	

续表

维度	定义	序号	标　准	评估结果
整理	按常用、一般、少用、基本不用的顺序,进行资源布置。	10	长时间离开座位及下班时桌面物品是否归位好?	
		11	桌面是否显得零乱?	
		12	资料及物品使用后是否能及时归位?	
		13	下班后桌面是否整理清洁、椅子是否收进桌下?	
		14	公告栏是否有过期的公告资料?	
		15	公告栏的张贴资料是否分类且张贴整齐?	
		16	管路配线是否杂乱?电话线、电源线固定是否得当?	
		17	物品破损是否能及时报修并作必要标识?	
		18	抽屉内资料存放是否杂乱?	
		19	下班后设备电源是否关好?	
		20	下班后是否关闭电灯、空调及门窗?	
		21	办公设备是否随时保持正常状态,无故障?	
		22	盆景摆放是否布局合理,是否有枯死或干黄现象?	
		23	会议室物品是否定位摆设?	
		24	仓库通道是否易于人行及搬物?	
		25	仓库是否有物品分类定位规定?	
		26	仓库定位是否按规定执行?	
		27	仓库物品摆放是否布局合理、便于进出库操作?	
		28	仓库物品是否摆放整齐,有标识?	
		29	仓库物品堆放是否符合规范,有无超高?	
		30	工具摆放是否有定位规定?	
		31	工具摆放是否按定位规定执行?	
		32	工具保管是否有定位标识,且易于存取,一目了然?	
		33	工具保管是否有责任人?	
		34	工具使用说明是否完整?	
		35	维修配件是否分类保管?	
		36	维修配件保管是否有责任人?	
		37	维修配件的使用是否有记录?	
		38	维修配件是否有定位标识?	
小计(1)				

续表

维度	定义	序号	标准	评估结果
整顿	清除、拆除或移调不用的或报废的东西。	1	有无定期检查、盘点、报废制度？能否认真执行？	
		2	是否定期整理资料和物品，并将不要的东西呈部门经理审核后处理掉？这些东西主要在抽屉、橱、柜里，架子上，以及书籍、文件、档案、图表、文具用品、墙上标语、海报、看板等。	
		3	涉密文件销毁是否专人专项处理？	
		4	各类、各级库存物品是否及时整理、盘点？	
小计(2)				
清扫	每日动手做扫除，而不仅是说一说。	1	地面是否经常清理，不长时间滞留水渍、脏物？	
		2	卫生间是否经常清理，不长时间滞留水渍、异味？	
		3	卫生间是否干净亮丽、感觉舒服？	
		4	扫帚、拖把等清洁用具是否放置于固定的隐蔽地方？	
		5	办公室墙角、天花板是否有蜘蛛网？	
		6	桌面、柜面、电脑、传真机、复印机是否有灰尘？	
		7	饮水机是否及时清洗，保持干净？	
		8	垃圾桶是否装得太满？	
		9	工具、用具是否缺乏保养？	
小计(3)				
清洁	明确卫生标准，并维护良好的卫生状况。	1	是否按规定使用员工卫生间？	
		2	使用卫生间是否节约用水、用纸？	
		3	在更衣室私人废弃物是否放入垃圾桶？	
		4	更衣柜内物品是否摆放整齐？	
		5	更衣柜内是否保持整洁干净？	
		6	更衣柜是否存放私人物品？	
		7	私人物品是否占用公共空间？	
		8	食堂桌椅是否保持整洁、干净？	
		9	食堂地面、墙面、天花板是否清洁、无油渍、无蜘蛛网？	
		10	餐具是否按规定清洗、消毒，摆放整齐有序？	
		11	食堂内是否有苍蝇、蟑螂、老鼠或虫卵？	
		12	凡有员工的空间空气是否保持清新？	

续表

维度	定义	序号	标准	评估结果
小计(4)				
素养	保持优雅得体的礼貌态度,形态与举止言谈、基本常识合乎专业要求。	1	当事人不在,接到电话时,是否“留言备忘”?	
		2	接打电话是否遵照礼仪?	
		3	长时间离开座位是否告知去向,以便联络?	
		4	工作态度是否良好(有无串岗、谈天、说笑、看小说、瞌睡、吃东西)?是否保持精神饱满?	
		5	合作态度是否良好(热情、迅捷、尽力、用心)?	
		6	能否充分把握“个人”与“角色”的关系,团队意识良好?	
		7	是否遵守酒店作息时间(不迟到、不早退、不无故脱岗)?	
		8	是否按酒店规定穿着制服,上班时间不穿拖鞋?	
		9	制服、鞋、员工牌是否保持清洁、整齐、无破损?	
		10	是否按酒店规定整理发型、饰物?是否按酒店规定化妆?	
		11	是否按时间约定完成工作或为他人提供服务?	
		12	遇见客人或同事,是否主动打招呼?	
		13	是否有浪费粮食、材料现象?	
		14	开会是否迟到?	
		15	文件送交、传递、反馈是否及时准确?	
		16	有无因图方便而违规操作设施设备、用具,或擅自减少重复次数要求的现象?	
		17	各岗位工作职责、内容、流程设置是否清晰、合理?	
		18	能否严格执行流程,并兼顾到“上游”与“下游”?	
		19	设备故障是否有警示标识?	
		20	能否独立操作灭火器,并了解自己在火灾发生时的角色?	
		21	是否了解卫生常识,并能够按照常识去做,而非做表面文章?	
		22	能否积极、主动、负责地处理员工或客人的问题?	
小计(5)				
合计:(1)+(2)+(3)+(4)+(5)=				

报告人:　　　　　　　　　　　　签发人:

以上二表单的使用说明：

一、以各部门经理及所辖部门综合状况为对象。

二、信息来源(1)部门经理提交的《服务质量标准—执行细节》报告；(2)酒店服务质量小组(总经理、副总经理、总监、值班经理、其他授权人员参与)常规检查报告；(3)参考现场主管(领班)工作日志、各级经理观察、自查记录、违规通知单(黑点单)、表扬单(红点单)、GRO 值班记录、经理值班记录、安保岗值班记录、客人投诉或表扬信函、社会各界客人的反馈，如《宾客满意度调查》等。

三、评估结果的得出：

优秀——10 分，至少有客人表扬一次以上，且没有任何过失记录。

良好——9 分，表现令人满意，没有任何过失记录。

较好——8 分，虽然没有客人投诉，但在内部检查中至少发现一个以上细节问题。

一般——7 分，至少有客人间接反映一次以上问题。

较差——6 分，发生客人投诉、抱怨或严重违规操作一次以上，但得到了较好处理。

差——5 分，发生投诉或违规操作一次以上，造成程度不一，但无法挽回后果。

四、每月由总经理主持酒店服务质量小组评估至少一次以上，评估结果影响各级管理人员的月度、年度奖金。

2. 营业收入

程控表单 47.　　　　酒店营收/成本综合日报

公司名称：　　　　　　　　　　年　　月　　日

营收项目	行次	本日收入		本日成本		本月收入		本月成本	
		本期数	去年同期	成本	成本率	本期数	去年同期	本期数	去年同期
住房率	1								
平均房价	2								
房费	3								
洗衣	4								
电话	5								

续表

营收项目	行次	本日收入		本日成本		本月收入		本月成本	
		本期数	去年同期	成本	成本率	本期数	去年同期	本期数	去年同期
迷你吧	6								
商务中心	7								
杂项	8								
服务费	9								
客房小计	10								
食品	11								
饮品	12								
香烟	13								
会场	14								
外卖	15								
杂项	16								
服务费	17								
餐饮小计	18								
美容美发	19								
台球	20								
游泳池	21								
桑拿按摩	22								
商场	23								
出租车	24								
夜总会	25								
其他	26								
服务费	27								
特别收入	28								
	29								
总计	30								

次日预计			
住房率	餐饮收入	会议收入	其他

审核：　　　　　　　　　　　　　　制表人：

程控表单48.　　　　　　　　餐饮日经营状况报告

餐厅			日期			
消费类型			营业收入	用餐人数	人均消费	备注
早餐	散餐	零点				
	团队	旅行团				
	团队	公司				
合计						
午餐	宴会	婚寿宴				
		商务宴				
		VIP团队				
		工作餐				
		其他				
	散餐	商务散餐				
		VIP散餐				
		家庭散餐				
		工作餐				
		其他				
合计						
晚餐	宴会	婚寿宴				
		商务宴				
		VIP团队				
		工作餐				
		其他				
	散餐	商务散餐				
		VIP散餐				
		家庭散餐				
		工作餐				
		其他				
合计						
接待报告：						
餐厅主管/领班：						

程控表单49. **上周收益报告**

公司名称： 年 月 日

业　种	项　目	预算指标	实际收入	完成比率
客　房	客房收益			
	入住率			
	平均房价			
餐　饮	餐饮收益			
	毛利率			
	食客人次数			
	人均消费额			
健康中心	收　益			
其　他	收　益			
总计	至今月结			
	至今收益总和			

审核： 制表人：

程控表单50. **月/年度损益简报**

编制单位： 编制时间： 单位:元

项　目	行　次	本　月　数	本年累计数
一、营业收入	1		
减:营业成本	2		
营业费用	3		
营业税金及附加	4		
营业收入指标			
完成比率			
二、经营利润	5		
减:管理费用	6		
财务费用	7		
三、营业利润	8		
减:投资效益	9		
补贴收入	10		
营业外收入	11		

续表

项　　目	行　次	本　月　数	本年累计数
减：营业外支出	12		
加：以前年度损益调整	13		
四、利润总额	14		
减：所得税	15		
五、净利润	16		
净利润指标			
完成比率			
制表人：			

程控表单 51.　　应收款账龄统计表

统计人：　　　　统计日期：

账　　龄	账目笔数	应收款数	占应收款比例(%)	账目代号	处理建议
0~30					
31~60					
61~90					
小计					
账龄90天以上应收款状况					
序　　号	客户名称	应收款数	占应收款比例(%)	签单日期	处理建议
1					
2					
3					
小计					
总经理批示					

3. 接待与服务质量状况

程控表单 52.　　　　　　　　VIP(A 级)接待日报

□用餐/会议客人

报告日期：　　　　　　　　　　　　　　　　□用房/用餐客人

VIP 姓名		职　位	
接待单位			
抵店日期		抵店时间	
离店日期		离店时间	
预订房类		预排房号	
预订餐厅		用餐要求	
房　价		餐　标	
特别要求			
申 请 人		申请时间	
批 准 人		批准时间	
批准人核定礼遇标准/接待责任人			
客房鲜花 □	客房水果篮 □	红地毯 □	手捧花迎宾 □
预先查房 □	GRO 迎送 □	值班经理迎送□	总经理迎送 □
GRO 带房 □	房内登记 □	免登记 □	拍纪念照 □
其他 □			
接待责任人	(1)	(2)	(3)

以下各岗签收并执行/配合					
安保部 □	工程部 □	客房部 □	总台岗 □	礼宾岗 □	GRO □
商务中心 □	健康中心 □	美容厅 □	自助餐厅 □	西餐厅 □	送餐岗 □
工程部 □	公关部 □	市场部 □	人力部 □	总机岗 □	总监 □
副总经理 □	总经理 □	财务部 □	其他 □		

程控表单 53.　　　　　TOP20 位公司排行月/年简报

报告日期：

序号	公司名称	房间夜数	平均房价	小计	餐会次数	餐会均价	小计	合计	上期排行
1									

续表

序号	公司名称	房间夜数	平均房价	小计	餐会次数	餐会均价	小计	合计	上期排行
2									
3									
4									
5									
6									
7									
8									
9									
10									
本期客户消费占营业额比例				比照上期增减					
对本期客户的回馈									
□客房升级 □赠送餐券	□客房折价 □赠送房券	□赠送礼品/礼券 □赠送贺卡			□宴请/折价 □组织活动		□登门拜访 □其他		
回馈预算				占客户消费额比例					
批准人意见	签名：								

程控表单 54.　　　　TOP20 位回头客排行月/年报

□贵宾卡客人

报告日期：　　　　　　　　　　　　□回头客人

序号	姓名	卡号	到访次数	房间夜数	平均房价	小计	餐会次数	餐会均价	小计	合计	上期排行
1											
2											
3											
4											
5											
6											
7											
8											

续表

序号	姓名	卡号	到访次数	房间夜数	平均房价	小计	餐会次数	餐会均价	小计	合计	上期排行
9											
10											
本期客户消费占营业额比例						比照上期增减					
对本期客户的回馈											
□客房升级 □客房折价 □赠送礼品/礼券 □宴请/折价 □登门拜访 □赠送餐券 □赠送房券 □赠送贺卡 □组织活动 □其他											
回馈预算						占客户消费额比例					
批准人意见	签名：										

程控表单55. **客源市场细分月/年报**

报告日期：

市场对象	人次数	间夜数	消费额	人均消费	团体	散单	所占比例	排行
本地公司					□	□	%	
福建地区					□	□	%	
上海地区					□	□	%	
北京地区					□	□	%	
广东地区					□	□	%	
日本					□	□	%	
韩国					□	□	%	
台湾地区					□	□	%	
港澳地区					□	□	%	
欧洲					□	□	%	
美洲					□	□	%	
其他					□	□	%	

制表人：

程控表单 56.　　　　折扣/回佣月/年报

报告日期：

项　目	次/点数	折合金额	项　目	次/点数	折合金额
餐饮合同外折扣			GDS 佣金		
客房合同外折扣			超额发票		
会展佣金			减免费用		
旅行社佣金			促销礼品		
订房中心佣金			贵宾卡折扣		
小计			小计		
总计			占营业额比例		%

检查内容	存在问题	整改建议	检查人

制表人：

程控表单 57.　　　　宾客投诉/建议处理报告

值班人：　　　　项目编号：　　　　年　月　日

宾客姓名	国籍/籍贯	公　司	房号/餐位
首问人	执行人	直接汇报上级	最终决策人
宾客投诉/建议			
处理过程结果			

续表

<table>
<tr><td>部门经理意见</td><td></td></tr>
<tr><td>总经理批示</td><td></td></tr>
<tr><td colspan="2">项目后续处理结果反馈</td></tr>
<tr><td colspan="2">执行人： 年 月 日</td></tr>
</table>

程控表单 58. **GRO(宾客关系主任)日报**

日期：

<table>
<tr><td>GRO 姓名</td><td>值班时间</td><td>GRO 姓名</td><td>值班时间</td><td>GRO 姓名</td><td>值班时间</td></tr>
<tr><td></td><td></td><td></td><td></td><td></td><td></td></tr>
<tr><td colspan="6">A、对房务/商场设施与服务的表扬/投诉/建议</td></tr>
<tr><td colspan="2">经过</td><td colspan="2">处理过程</td><td>处理效果</td><td>处理建议</td></tr>
<tr><td colspan="2"></td><td colspan="2"></td><td>□满意
□无异议
□不满意
□再跟进</td><td></td></tr>
<tr><td colspan="6">B、对餐饮设施与服务表扬/投诉/建议</td></tr>
<tr><td colspan="2">经过</td><td colspan="2">处理过程</td><td>处理效果</td><td>处理建议</td></tr>
<tr><td colspan="2"></td><td colspan="2"></td><td>□满意
□无异议
□不满意
□再跟进</td><td></td></tr>
<tr><td colspan="6">C、对健康中心/美容厅设施与服务表扬/投诉/建议</td></tr>
<tr><td colspan="2">经过</td><td colspan="2">处理过程</td><td>处理效果</td><td>处理建议</td></tr>
<tr><td colspan="2"></td><td colspan="2"></td><td>□满意
□无异议
□不满意
□再跟进</td><td></td></tr>
</table>

续表

<table>
<tr><td>GRO 姓名</td><td>值班时间</td><td>GRO 姓名</td><td>值班时间</td><td>GRO 姓名</td><td>值班时间</td></tr>
<tr><td colspan="6">D、对卫生/安全/拾金不昧/停车乘车表扬/投诉/建议</td></tr>
<tr><td colspan="2">经过</td><td colspan="2">处理过程</td><td>处理效果</td><td>处理建议</td></tr>
<tr><td colspan="2"></td><td colspan="2"></td><td>□满意
□无异议
□不满意
□再跟进</td><td></td></tr>
<tr><td colspan="6">E、对工程噪音/水电/车辆服务/气味表扬/投诉/建议</td></tr>
<tr><td colspan="2">经过</td><td colspan="2">处理过程</td><td>处理效果</td><td>处理建议</td></tr>
<tr><td colspan="2"></td><td colspan="2"></td><td>□满意
□无异议
□不满意
□再跟进</td><td></td></tr>
<tr><td colspan="6">F、《宾客满意度调查问卷》跟进情况</td></tr>
<tr><td colspan="2">较差指标</td><td colspan="2">问题所在</td><td colspan="2">处理建议</td></tr>
<tr><td colspan="2"></td><td colspan="2"></td><td colspan="2"></td></tr>
<tr><td colspan="6">G、检查过程中发现的其他问题</td></tr>
<tr><td colspan="2">问题所在</td><td colspan="4">处理建议</td></tr>
<tr><td colspan="2"></td><td colspan="4"></td></tr>
<tr><td colspan="6">H、批示与反馈</td></tr>
<tr><td>部门经理</td><td colspan="2"></td><td>总经理</td><td colspan="2"></td></tr>
</table>

4. 安全、卫生管理情况

程控表单 59. **安全检查日报**

岗位： 日期：

<table>
<tr><td colspan="6">户外巡逻岗检查记录</td></tr>
<tr><td>时间</td><td>地点</td><td>检查内容</td><td>存在问题</td><td>整改建议</td><td>检查人</td></tr>
<tr><td></td><td></td><td></td><td></td><td></td><td></td></tr>
<tr><td></td><td></td><td></td><td></td><td></td><td></td></tr>
<tr><td></td><td></td><td></td><td></td><td></td><td></td></tr>
<tr><td></td><td></td><td></td><td></td><td></td><td></td></tr>
<tr><td></td><td></td><td></td><td></td><td></td><td></td></tr>
<tr><td colspan="6">外门岗检查记录</td></tr>
<tr><td colspan="2" rowspan="3">出租车事故</td><td rowspan="3">/起</td><td rowspan="3">原因</td><td colspan="2"></td></tr>
<tr><td colspan="2"></td></tr>
<tr><td colspan="2"></td></tr>
<tr><td colspan="2" rowspan="3">处理结果</td><td colspan="2"></td><td>处理人</td><td></td></tr>
<tr><td colspan="2"></td><td>处理人</td><td></td></tr>
<tr><td colspan="2"></td><td>处理人</td><td></td></tr>
<tr><td colspan="2" rowspan="4">停车场事故</td><td rowspan="4">/起</td><td rowspan="4">原因</td><td colspan="2"></td></tr>
<tr><td colspan="2"></td></tr>
<tr><td colspan="2"></td></tr>
<tr><td colspan="2"></td></tr>
<tr><td colspan="2" rowspan="4">处理结果</td><td colspan="2"></td><td>处理人</td><td></td></tr>
<tr><td colspan="2"></td><td>处理人</td><td></td></tr>
<tr><td colspan="2"></td><td>处理人</td><td></td></tr>
<tr><td colspan="2"></td><td>处理人</td><td></td></tr>
<tr><td colspan="6">内门岗检查记录</td></tr>
<tr><td>宾客车进出</td><td>/辆次</td><td>货物车进出</td><td>/辆次</td><td>公司车进出</td><td>/辆次</td></tr>
<tr><td colspan="2">检查项目</td><td colspan="2">存在问题</td><td>整改建议</td><td>检查人</td></tr>
<tr><td colspan="2"></td><td colspan="2"></td><td></td><td></td></tr>
<tr><td colspan="2"></td><td colspan="2"></td><td></td><td></td></tr>
<tr><td colspan="2"></td><td colspan="2"></td><td></td><td></td></tr>
</table>

续表

自行车骑行	/次数	处理结果		所属部门	
发现垃圾	/次数	处理结果		所属部门	
浪费水电	/次数	处理结果		所属部门	
值班领班					
经理					
总经理					

程控表单 60.　　　　　　　　卫生质量周报

检查人：　　　　　　　　　　　　　　日期：

序号	地点/项目		需要整改的主要问题	管辖部门	责任人	评分	处理结果
1	户外客用区卫生	草坪		餐饮部			
2		马路					
3		长廊					
4		卫生间					
5		楼顶平台					
6		停车场					
7		大门区					

续表

序号	地点/项目		需要整改的主要问题	管辖部门	责任人	评分	处理结果
8	室内客用区域卫生	总台					
9		总机					
10		商务中心		前厅部			
11		大堂					
12		出租商场					
13		会议室		餐饮部			
14		茶水间					
15		DJ 室		工程部			
16		健身房					
17		桑拿按摩		餐饮部			
18		KTV					
19		公共廊道		客房部			
20		天心阁吧					
21		自助餐厅					
22		西餐厅					
23		中餐厅		餐饮部			
24		宴会厅					
25		酒　吧					
26		日韩料理					
27		各电梯					
28		各公卫		客房部			
29		出租区					
30	室内自用区域卫生	各办公室		各部门			
31		员工餐厅		人力部			
32		员工园地					
33		停车区		安保部			
34		储物区					
35		员工更衣					
36		员工淋浴		人力部			
37		员工休息					

续表

序号	地点/项目		需要整改的主要问题	管辖部门	责任人	评分	处理结果
38		工程制作		工程部			
39		各仓库		各部门			
40	食品饮料卫生	西厨房		餐饮部			
41		中厨房					
42		各吧台					
43		自助餐台					
44		各冷藏库					
45		酒水库					
46		食堂厨房		人力部			
47	垃圾	厨房垃圾		餐饮部			
48		工程垃圾		工程部			
49		客房垃圾		客房部			
50	员工卫生	员工着装		各部门			
51		仪表仪容					
52		首饰					
53		指甲					
54		卫生常识					

受权卫生小组组长：　　　　　　　　　　　　　　总经理：

注：(1)人力资源部根据本项检查结果，直接奖励或扣罚岗位第一责任人。(2)评分标准：0分——达标，清洁而整齐；1个红点——全部门达标；2个红点——全部门三次检查均达标；2个黑点——清洁，但凌乱；3个黑点——不清洁不整齐；5个黑点——连续两次检查未达标。

程控表单61.　　　　　　　　遗失及盗窃调查报告

事件编号：

由调查人员填写			
报告时间		客人姓名	
入住/用餐时间		退房/结账时间	
客人住址			
联系办法			
投诉遗失物品		价　值	

续表

遗失物品描述：
遗失物品原来在何处及如何存放？
最后看到遗失物品的时间：
发觉遗失的时间：
客人是否遇上服务生在场？
客人有无朋友、商业代表、异性朋友到访？有无告知其他人自己的房号或位置？
客人有无要求房内用餐？
客人有无投保？
客人有无怀疑任何人？
有无检查过房间、行李、箱包或所在位置周围？
调查及其他备注： 调查人员签字：
由部门经理填写
处理结果： 1. 2. 3. 经理签字：
总经理批示
总经理签字：

程控表单 62.　　卫生/安全事故报告

事故发生日期		事故发生时间	
今日日期		事故发生地点	
事故发生的情况描述(事故涉及人员及其当时每个人的行动)：			

续表

事故涉及人员名单与备注		
姓　　名	客人/员工	受伤或处理情况

事故目击者名单与备注			
姓　　名	客人/员工	电　　话	其他联系办法

受权人签名　　　　　　　　　　日期

总经理签名　　　　　　　　　　日期

5. 日常管理报告

程控表单 63　　　　　　**值班经理日报**

值班人:　　　　　　　　　　　　　　年　月　日

巡查项目			
户外广场	客房预订处	GRO 柜台	楼层通道
户外长廊	西餐厅	金钥匙礼宾台	健康中心各点
外景灯饰	中餐厅	地下停车场	各大门厅
大　堂	宴会厅	地面停车场	行政办公区域
商　场	西厨房	员工活动区	员工卫生/淋浴间
大堂自助餐厅(吧)	中厨房	员工餐厅	总仓库
前　台	各安保值班点	员工餐厅厨房	消防/监控中心
总　机	宴会预订中心	员工更衣室	会议室区域
商务中心	大堂卫生间		
工作日志			

分管经理意见	总经理批示

程控表单64.

临时工作委派单

编号：　　　　　　　　　　　　　　　　　　　　　　年　月　日

任务主题					
受权责任人		完成时限			
任务内容与标准描述：					
可调动资源：					
授权人		授权日期		指定督办人	
完成情况报告（可通过电话先行通报或网络报告）： 已完成　□ 实施中，申请延时至　月　日　□ 申请取消　□ 理由： 受权责任人：　月　日					

注：本卡可根据需要制作多联，分送责任人、协助人、指定督办人各一联，留授权人一联。

程控表单65.

经理休假报告

报告提交日期：

姓名		部门		职务	
假别	□事假　□病假　□婚假　□产假　□补休 □年假　□工伤假　□计生假　□丧假				
起止时间	从　年　月　日 至　年　月　日			总计	
事　由					
总经理		人力资源经理		职务代理人	

程控表单66. **月度人力资源变动报告**

部门或岗位名称	岗位编制人数	上月实际人数	目前在岗人员分析								在岗人员变动状况					拟定进人员	拟定出人员
			在岗人数			所占比例	用工性质		内部调整		外部调整						
							正式	实习	试用	调入	调出	招进	合同期满	个人辞职	试用期离店		
销售																	
餐饮				秘书													
				中餐													
				西餐													
				中厨													
				西厨													
				宴会													
				酒吧													
				管事													
				烧烤													
前厅				大堂													
				总台													
				商务													
客房				客房													
				清洁													
				布草													
工程																	
安保																	
财务																	
人力																	
公关																	
经理																	

流动人员明细					
部　门	姓　名	岗　位	学　历	变动情况及时间	变动原因说明

续表

部门	姓名	岗位	学历	变动情况及时间	变动原因说明

在岗人员学历构成

部门	硕士	本科	大专	中专	技校	高中	初中	小学
经理								
销售部								
客房部								
前厅部								
财务部								
餐饮部								
工程部								
安保部								
人力部								
公关部								
合计								
总计								
比例								

程控表单 67. **人员需求预测月报**

部门：　　　　　　　　　　　月度：

岗位名称	初始编制数	目前人员数	目前缺编数	预期缺编数	所需人员数	招聘培训所需时间

注：“预期缺编数”是相对于所规划的“目前缺编数”而言的，指管理人员根据实际需要确定的；“所需人员数”也是依此原则确定的。

程控表单68.　　　　　员工严重违纪事件记录报告

员工姓名		日　期		时　间		地　点	
员工对事件的陈述：							
证人对事件的陈述：							
情有可原的情节：							
过去的工作表现：							
纪律管理面谈详情：							
采取的措施：							
总经理批示： 日期：							

注：“严重违纪”是指与《员工手册》规定的“警告”、“严重警告”、“下岗培训”、“辞退”等条款相对应的行为。

第八讲 专业服务管理的一个榜样

导 言

这一讲，主要是介绍上海波特曼丽嘉酒店的管理事迹，通过波特曼丽嘉我们来学习专业服务管理原理的运用。

一、波特曼丽嘉酒店

上海波特曼丽嘉酒店的800名员工，有充分的理由为自己的酒店感到自豪。在过去的两年里，他们分别蝉联了“亚洲最佳商务酒店”和“亚洲最佳雇主”的第一名。

对于到波特曼丽嘉来探寻成功秘诀的人们，总经理狄高志喜欢勾画出一个金字塔：

从下至上，依次为“员工满意度”、“顾客满意度”、“酒店赢利”。

他说，我最重要的工作，就是要保证酒店的员工们在每天的工作中都能保持愉快的心情，他们的努力决定一切。

著名人力资源咨询公司翰威特“最佳雇主调查”结果表明：

员工满意度达到80%的公司，平均利润率增长要高出同行业其他公司20%左右。

而波特曼丽嘉，这家五星级酒店的员工满意度（基础）与顾客满意度（结果），今年同时达到了97%的高点。

波特曼丽嘉并不讳言其经营的最终目标是不断实现赢利。但重要的是，波特曼丽嘉让每位员工都明白自己是促成总体经营结果的一部分。他们制服口袋里装着酒店统一的信条卡,其中酒店对员工承诺的第一条写着:"在丽嘉,我们的绅士和淑女是对客服务中最重要的资源。"

这是酒店处理一切员工事务的精髓。

二、员工满意度从招聘开始

上海市四星级以上酒店的员工流失率平均为22%~23%,而在波特曼丽嘉,去年这一数据仅为18%,为业内最低。丽嘉的管理人员讲:"我们的员工流失率每年都在降低,更多的人愿意留在这里。"

为减少员工流失、提高满意度而做的工作,波特曼丽嘉从招聘时就已经开始了。

在酒店行业里,丽嘉的招聘条件是出了名的严谨。它选中的员工要拥有从事不同岗位所需的特殊天赋,其个性与价值观也必须与丽嘉文化相符合。只有同时具备了这两方面,员工才会真正找到归属感。"所以决定聘用一个人之前,我们会花很多心思和精力向他介绍丽嘉酒店的文化,以及了解他对这里的真实感受。"狄高志说。

连培训生都要和招聘正式员工一样,通过五关面试。

(1)应聘者接受人事部55个问题的选拔程序,由此判断是否具有从事服务行业的天赋和热情。

(2)部门经理负责培训岗位知识技能。

(3)部门总监负责讲解职业发展目标。

(4)人事总监宣讲酒店文化,提升员工的适应能力。

(5)与总经理本人直接面谈。

"总经理会亲自参加所有岗位新员工的面试,他希望了解我们的个性,以及为什么想来这里工作。"一旦加入丽嘉,员工就会被当作未来相当长期的合作伙伴而受到信任。

三、建设尊重与信任的相处之道

来上班之前,你可能会遇到很多不愉快的事情:丢了东西、没有赶上公车、迟到了,但是一旦进入酒店,身边每个同事都在对你微笑、问候,这样大家庭式的工作氛围自然会增加你的工作动力。

营造互相尊重和信任的环境，是让员工在工作中保持愉快心态的最重要一环。

尊重同事，重视自己。

波特曼丽嘉的员工餐厅是上海滩上最漂亮的食堂。这里不仅有美味的食物，优雅的用餐环境更让员工觉得酒店非常尊重他们。

丽嘉集团的全球总裁高思盟说过：“我们提供专业的服务，但我们绝非仆人。”

与此相对应的是，丽嘉提出：

“我们以绅士淑女的态度为绅士淑女们忠诚服务！”

作为座右铭，波特曼丽嘉时刻提醒全体员工作为专业服务人士，要以绅士淑女的态度，以相互尊重和保持尊严的原则对待客人以及同事。

在酒店里，工程部、客房部、管事部、厨房等一线岗位的员工通常需要付出大量的体力劳动。相对辛苦的职位并不会让他们产生低人一等的感觉，其中的关键是波特曼丽嘉始终强调，每一位绅士淑女的工作，都是为酒店每天的成功运转贡献了重要的一部分。

在波特曼丽嘉，即使是一位洗碗工，她也会为自己的工作感到自豪。她会自豪地给你讲，因为晶莹剔透的器皿，客人是很愿意再次来到餐厅消费的。同时，她还会从另一个角度给你讲，要保证器皿的流通速度，否则会影响侍应生为客人服务的心情。这个洗碗工的故事，给我留下了很深的印象。从这个例子可以看出，波特曼丽嘉的服务管理真正做到了员工的心中。每个在这里工作的员工都有一种极强的责任感，他们非常清楚自己的工作都会影响到其他同事的满意度、客人满意度以及酒店的最终运营情况。

狄高志对这一点非常满意：

“只有重视自己，才会把自己当作酒店的主人，也才会彼此尊重。”

在波特曼丽嘉，无论是老板、主管还是普通员工，如果想表示对他人工作的尊重和感谢，都可以在一流卡（First – Class Card）上写上鼓励的话，装在信封里交给他。只是为了谢谢帮忙，或是说声做得不错，上个星期，狄高志就收到了分别来自公关部和客房部的一流卡。他说，这种感觉很好，我希望能收到更多，而且我们每个人都应该经常地送出一流卡表示对别人劳动的尊重。

四、充分信任、完全授权

一位先生来到上海波特曼丽嘉下榻，打开整洁舒适的房间后，觉得很不错。但那位行李生主动提出,他的个子非常高,建议并帮助他换了另一间有大床的大房间。他非常惊喜和满意——换房间本来并非行李生的职责,而行李生运用自己的授权做出了这个决定。

为了使客人获得更好的服务,波特曼丽嘉给每位员工 2000 美金的授权。在这个范围之内,员工不用请示上级就可以做出力所能及的决策,碰到突发事件也可以及时给客人满意的答复。这种高度信任的基础,归结于慎重的招聘程序,到目前为止,没有一位员工滥用这一权限。

波特曼丽嘉的服务管理者讲,正是因为相信我们所挑选的每位员工都有服务的天赋和热情,所以才会充分信任他们,让员工用自己的想法和热情为客人服务。

在波特曼丽嘉,每位员工为客人服务的主动性都被特别看重,酒店管理者所做的就是信任他们,培养他们,并给予自由发挥才干的空间。

狄高志强调,信任是每一个人都需要的东西,“比如我自己,我很享受我的工作是因为我得到了充分的自由去对酒店负责,而不是每件事情都请示集团的总裁。”

只有创造相互信任的氛围,员工才会对工作感到满意,并把这种信任提升为对工作的积极投入,用出色的服务提高客人的忠诚度,并最终给酒店带来回报。

这是一个良性的循环。

五、肯定员工的个人价值

波特曼丽嘉 90% 的员工工资,是上海市五星级酒店相同职位中最高的,但狄高志却认为薪酬并非创造员工满意度中最重要的因素。现在,常有新开业的酒店到丽嘉来高薪挖墙脚,但很少有员工愿意去。波特曼丽嘉的管理者对此充满自信,“我们的员工是很成熟的,为了一两千元放弃这里的企业文化、工作环境和经营理念对他们来说太不值得。”

根据酒店的调查,让员工最满意的方面除了“酒店把我们当绅士淑女看待”之外,是他们的贡献得到了充分的肯定和奖励。这也是他们愿意留在酒店并付出更多努力的最重要原因。

要给员工一种作为个人被认可的感觉。当经理人对一个部门或一个团队说,你们所有的人都很棒,这样固然很好,但这与单独对某一个员工说,你这件事情做得很不错,留下的印象深刻程度是完全不同的。如果仅仅表扬集体,忽视个人需要，那么从心理学角度，个人就会产生一种匿名感而产生消极影响。

与一些高高在上的经理们不同，波特曼丽嘉从总经理到各级部门总监、主管都会经常在酒店巡视，关注每位员工的工作，平时也会注意收集自己员工的兴趣爱好，在员工获得奖励或过生日时投其所好。狄高志说："作为管理者，应当多花点时间去了解每位员工做了些什么特别的事情，他需要什么样的鼓励和肯定。这对于让员工保持积极心态是非常关键的。"

除了日常的关注和奖励之外，酒店会在每个季度正式评选出五位五星奖员工和一位五星奖经理。这个奖项由员工们相互评选，只要认为是在此期间个人表现特别优秀的，都可以获得提名。颁奖那天，酒店举行一个由全体员工参加的隆重晚宴仪式，被提名的员工会得到一张认可证书。最后评选出的六位除了奖金外，还被授予一座精致的奖杯，以及一枚可以每天佩带的五星徽章。在年末，本年度的24位获奖者中会再评选出年度五星奖。

六、规划前景光明的职业道路

波特曼丽嘉让员工感到满意的另一个重要方面，是酒店为他们未来的职业发展考虑，让员工看到自己光明的前景。

1. 保证充足的培训时间

波特曼丽嘉的员工基本守则里有一条是：所有员工都必须圆满完成其工作岗位的年度培训课程。酒店拥有一套非常全面、完善的培训体系，保证每一个员工一年有150个小时左右的培训时间。这一数字相当于任何其他亚洲最佳雇主所提供培训时数的两倍。

对于新员工，酒店首先进行为期两天的入职培训，主要介绍丽嘉的历史、企业文化和经营理念。进入各个部门之后，则是为期三个月的培训，根据不同的岗位需要依照详细的清单完成。"员工加入酒店21天以后，培训部会听取他们的反馈，相应调整培训计划并进一步强调公司理念。"事实上，不仅与新员工就培训方案有所交流，酒店还会定期发出一些培训需求的咨询，根据员工的整体需要做出有关的课程安排。

在技能方面，每个部门都有自己的培训师，一般是由对培训工作有兴趣也有天赋的老员工担任。他们在人事部的指导下学习培训方法，并被授予相应的资格去培训部门的其他员工。在知识方面，酒店会定期开设课程，包括领导力、沟通技巧、企业管理等等，员工如果到了一定级别或是有兴趣都可以参加。

有些员工还会要求去外面读书，只要是与工作有关的课程，如旅游管理、英语、计算机等等，酒店就会替他支付继续深造的费用。

每个月各种培训课程都会贴在人事部的告示栏里，以供员工自由选择，同时酒店还鼓励员工跨职务、跨部门参加培训。比如人事部有人去上烹饪班，餐饮部的可以去销售部学习。这样既增强了部门间的联系，又增加了员工技能，为他未来的职业发展提供了更多的选择。

2. 尽量选拔内部人才

在领班、主管、经理这一级别的人才聘用上，波特曼丽嘉几乎从来不考虑外聘，而是选择从内部提拔。每年都有超过 100 位员工，可以在原来的岗位上得到提升。本地员工也有机会取代较高位置的外籍员工。目前，波特曼丽嘉的前厅部经理、宴会厅总监、餐饮部副总监等重要职位都是由本地员工担任的。管理层对自己培养的员工寄予的希望很高，并且认为让他们看到职业发展的前景，不仅有助于在工作中产生更大的动力，还能够给其家庭以信心并获得支持。

对员工的提拔，波特曼丽嘉一般根据每半年进行一次的员工评议来考虑。部门负责人会就其工作表现和水准做出评价，同事们也会提出各自的意见，有些职位还需进行技能考核。“不过这些都只是我们参考的因素，很关键的一点是我们会和他沟通，看他本人是不是有上进的要求。”

此外，当出现一些超出控制范围的问题，而导致酒店的效益受损时，绝不会将这种危害转嫁给员工。即使对那些一时表现不好的员工，人事部门也会仔细探求背后的原因——可能是最近家中有事使他无心工作；或是根本没有人好好教他，他不会做；也可能他主观上就不愿意做这个工作。经过客观的分析后，将分别有针对性地加以解决。

狄高志坦言，酒店尊重和关怀每位员工，无疑期望他们都能够达到酒店要求的高水准服务水平，并做出最好的贡献。员工在举止、行事上出现偏差时，首先不是要责备，而是向他明确酒店标准并引导他改正。如果有需要，还可以为他调换工作岗位。“总之，员工有很多机会去改进。”

七、随时敞开的沟通之门

波特曼丽嘉员工满意度从 1999 的 70% 提升到了 2002 年的 97%，酒店全体员工在服务管理中所做的努力是有目共睹的。狄高志认为，酒店目前已经实现了在薪酬、培训、职业发展等各方面的制度化执行。今后的进一步提高，来自于不断从小处着手，改进最基础的部分。每位员工都被鼓励寻找酒店运作中存在的弱点，并共同讨论解决之道。

影响员工心情的常常只是一些小事，如果沟通渠道不畅通，小事情得不到管理层的重视和解决，日积月累就会影响员工满意度乃至敬业度。

波特曼丽嘉的沟通制度是：每天的部门例会上，员工可以向主管反映前一天工作中发生的小问题，大家一起回顾具体出错的环节在哪里；每个月大部门会议，会讨论员工满意度的情况，向部门总监提出需要改进的地方，然后各部门会不断跟进事情的进展；另外，每个月人事总监还会随机抽取10个左右的各部门员工，一起喝下午茶。话题大到酒店硬件设施的维修，小到制服的熨烫，都会反馈到相关的部门加以解决。

狄高志讲："我们会用最快的速度及时改进，否则也会给出进展的期限或者不能解决的解释，总之，会让员工得到满意的答复。"他每月也会邀请不同部门的员工一起共进早餐，问问大家最近的工作情况。大多数时候，员工都表示挺开心的，当然他们也会带来一些小问题。而当他问他们，他们的主管是不是已经知道了？答案总是"是的，并且已经在处理了"。他们告诉狄高志这些，并不是因为他们得不到帮助，而只是想让他知道这件事情罢了。狄高志同时强调，自己要确保员工反映出来的每一个问题，都的确有人在关注和解决。"因为他们希望这些问题引起我的重视，如果我什么也不做的话，将是更加糟糕的情况。"

狄高志认为，了解员工需要和工作状况的最好方式，就是走到每个员工的实际工作环境中，亲身体会他们的感受，一起讨论如何更好地改进。而员工们也可以自由地到总经理办公室来，提出他们的建议和想法。

他强调说："尽管我们每年都会进行员工满意度的调查，但员工满意与否是每天都要衡量的问题，而不是在进行某种调查时才存在。"